Inteligencia emocional 2.0

Inteligencia emocional 2.0

Estrategias para conocer y aumentar su coeficiente

TRAVIS BRADBERRY y JEAN GREAVES

Traducción de Ana García Bertrán

conecta

Penguin
Random House
Grupo Editorial

Título original: *Emotional Intelligence 2.0*

Primera edición: junio de 2023

© 2009, TalentSmart®
© 2009, Travis Bradberry y Jean Greaves
© 2012, Penguin Random House Grupo Editorial, S. A. U.
Travessera de Gràcia, 47-49. 08021 Barcelona
© 2023, Penguin Random House Grupo Editorial USA, LLC
8950 SW 74th Court, Suite 2010
Miami, FL 33156
© 2012, Ana García Bertrán, por la traducción

Impreso en Colombia - *Printed in Colombia*

ISBN: 978-1-64473-874-0

23 24 25 26 27   10 9 8 7 6 5 4 3

Compuesto en M. I. Maquetación, S. L.

A los leales profesores acreditados de TalentSmart
y a todos los que han asistido a sus clases.
Vuestra pasión es el alma de este libro

Colaboradores

Las siguientes personas han hecho aportaciones significativas a este libro:

Sue DeLazaro, máster en Ciencias
Melissa Monday, doctora
Jean Riley, doctorando
Lac D. Su, doctorando
Nick Tasler, máster en Ciencias
Eric Thomas, máster en Administración de Empresas
y máster en Ciencias
Lindsey Zan, máster en Ciencias

Índice

Prefacio

Ni la educación. Ni la experiencia. Ni los conocimientos, ni la capacidad intelectual. Nada de todo eso sirve para determinar con rigor si una persona triunfará o no. Debe de haber algo más que la sociedad no parece tener en cuenta.

Vemos ejemplos de ello, a diario, en nuestro lugar de trabajo, en nuestra casa, en nuestra iglesia, en nuestra escuela y en nuestro barrio. Observamos que personas supuestamente brillantes y con una buena educación lo pasan mal, mientras que otras con aptitudes o atributos mucho menos obvios prosperan. Y nos preguntamos por qué.

La respuesta, casi siempre, tiene que ver con este concepto llamado «inteligencia emocional». Y si bien es más difícil de identificar y medir que el cociente intelectual o la experiencia, y evidentemente complicado de reflejar en un currículum, lo cierto es que no puede negarse su importancia.

Y además, tampoco puede decirse que sea precisamente un secreto.

Hace tiempo que la gente habla de la inteligencia emocional, pero, en cierta forma, nadie ha sido capaz de aprovechar su potencial. Al fin y al cabo, como sociedad, para mejorar seguimos dedicando la mayor parte de nuestra energía a la búsqueda de conocimientos, experiencia, inteligencia y educación. Eso estaría bien si, con honestidad, pudiéramos decir que somos plenamente conscientes de nuestras emociones y, por supuesto, de las emociones de los demás, y de lo mucho que nuestras emociones influyen a diario en nuestra vida.

Creo que el motivo de que exista esta brecha entre la popularidad del concepto de inteligencia emocional, por un lado, y su aplicación en la sociedad, por otro, es doble. En primer lugar, la gente no acaba de entender bien el concepto. A menudo confunde la inteligencia emocional con una forma de carisma o gregarismo. En segundo lugar, no la ve como algo que sea posible mejorar, sino como algo que se tiene o no se tiene.

De ahí, precisamente, la utilidad de este libro. Si sabemos qué es la inteligencia emocional con exactitud y cómo podemos manejarla, seremos capaces de empezar a aprovechar toda esa inteligencia, educación y experiencia que hemos ido almacenando a lo largo de nuestra vida.

Así pues, tanto si lleva años interesándose por la inteligencia emocional como si nunca hasta ahora había oído hablar de ella, este libro puede cambiar drásticamente la idea que usted tiene del éxito.

Le aconsejo que se lo lea un par de veces.

PATRICK LENCIONI,
autor de *Las cinco disfunciones de un equipo*;
presidente del Table Group

Capítulo 1

El trayecto

El cálido sol de California dio la bienvenida a Butch Connor cuando se bajó de su camioneta y pisó la arena de Salmon Creek Beach. Era el primer día de un largo fin de semana, y hacía una mañana perfecta para coger la tabla y hacer un poco de surf. Muchos surferos habían tenido la misma idea y al cabo de unos treinta minutos Butch decidió dejar atrás la multitud. Se adentró en el mar con largas y profundas brazadas que le impulsaron lejos de la orilla y de la playa; esperaba coger algunas olas lejos de todos.

Una vez que Butch hubo conseguido alejarse unos cuarenta metros de los demás surfistas, se sentó en su tabla y empezó a balancearse hacia arriba y hacia abajo mientras aguardaba la llegada de una buena ola. De pronto, comenzó a formarse una preciosa ola de color verde azulado y, mientras Butch estaba tumbado en su tabla esperando cogerla, una estrepitosa salpicadura tras él llamó su atención.

Butch miró hacia atrás por encima de su hombro derecho y se quedó horrorizado al ver que una aleta de unos treinta y cinco centímetros cortaba el agua e iba directamente hacia él. Los músculos de Butch se tensaron, y el pánico le dejó totalmente paralizado, haciendo incluso que respirara con dificultad. Se concentró en lo que tenía a su alrededor; podía oír el latido de su corazón mientras veía el reflejo del sol en la superficie húmeda de la aleta.

La enorme ola que se aproximaba se erigió orgullosa y dejó entrever la peor pesadilla de Butch en la brillante y translúcida superficie: un enorme tiburón blanco de más de cuatro metros. Paralizado por el miedo que corría por sus venas, Butch aprovechó la ola para dirigirse a toda velocidad al resguardo de la orilla. Estaba solo con el tiburón; nadó en un semicírculo y se dirigió directamente hacia él. El tiburón se le acercó lentamente por su lado izquierdo; la proximidad del enorme pez lo tenía paralizado, y no se dio cuenta de que su pierna izquierda colgaba peligrosamente de la tabla y se sumergía en la gélida agua salada. Es tan grande como mi Volkswagen, pensó Butch mientras la aleta se acercaba.

De pronto, sintió el impulso de tocar el tiburón. «En cualquier caso, me matará —se dijo—. ¿Por qué no tendría que tocarlo?»

El tiburón no le dio la oportunidad. Dejando sus enormes fauces al descubierto, golpeó con la cabeza la pierna de Butch. La pierna pasó por encima de la enorme cabeza del tiburón, sin llegar a meterse en su cavernosa boca, y Butch cayó por el lado opuesto de su tabla de surf a las oscuras aguas. El ruido que hizo Butch al caer al agua enloqueció al tiburón, que empezó a mover la cabeza como un poseso mientras abría y cerraba la boca sin parar. El enorme tiburón no conseguía morder nada; simplemente salpicaba agua en todas las direcciones. Butch no podía creer que se mantuviese a flote y sin un solo rasguño junto a una máquina de matar de mil trescientos kilos, pero sabía que era muy difícil que aquel terrible depredador volviera a fallar en su ataque. Pensamientos de huida y supervivencia se agolparon en la mente de Butch con tanta rapidez y detalle como el terror que había sentido un momento antes.

El tiburón dejó de dar sacudidas y empezó a nadar en círculos alrededor de Butch. En lugar de volver a subirse a la tabla, Butch se quedó flotando sobre el vientre con los brazos extendidos sobre ella. Conforme el tiburón daba vueltas en círculo a su alrededor, Butch lo esquivaba con la tabla, utilizándola como barrera entre él y el devorador de hombres.

Mientras esperaba el ataque de la bestia, el miedo de Butch se fue transformando en rabia. El tiburón volvió al ataque y Butch decidió que había llegado el momento de plantarle cara. Se puso frente al tiburón, apuntándole con la parte delantera de la tabla, y cuando este sacó la cabeza del agua para morderle, Butch le metió la tabla entre las branquias. El golpe volvió a desatar los nervios del tiburón. Butch se subió a la tabla y gritó «¡Tiburón!» al grupo de surferos que estaban en la playa. El grito de Butch y la visión de la espuma que había a su alrededor hizo que todos salieran corriendo hacia la arena.

Butch también intentó ponerse a salvo, pero el tiburón trató de detenerle golpeándole en varias ocasiones. De camino a la orilla, salió a la superficie y, una vez más, empezó a nadar en círculos a su alrededor. Butch llegó a la terrible conclusión de que esas tácticas evasivas no estaban haciendo nada más que retrasar lo inevitable, y volvió a sentir un miedo paralizante. Se quedó tumbado en la tabla, temblando, mientras el tiburón seguía nadando en círculos. Deseaba armarse del coraje suficiente para seguir apuntando al tiburón con la proa de la tabla, pero estaba demasiado aterrado para volver al agua y utilizarla como escudo.

Los pensamientos de Butch pasaban rápidamente del pánico a la tristeza. Se preguntaba qué harían sus tres hijos sin él y cuánto tiempo tardaría su novia en rehacer su vida.

Quería vivir. Quería escapar de aquel monstruo, y para conseguirlo, no tenía más remedio que calmarse. Se dijo que el tiburón podía sentir su miedo como un perro rabioso; decidió que tenía que controlarse porque era ese miedo el que estaba motivando al tiburón para que le atacara. Para la sorpresa de Butch, su cuerpo le escuchó. Dejó de temblar, y la sangre volvió a sus piernas y a sus brazos. Se sentía fuerte. Estaba preparado para remar. Y remó directamente a la orilla. La pequeña estela que iba dejando le hizo ver que su trayecto hasta la orilla eran cinco minutos de bracear como un loco, con la sensación de que el tiburón estaba en algún lugar detrás de él y que podía atacarle en cualquier momento. Cuando por fin Butch llegó a la playa, un atemorizado grupo de surferos y de bañistas le estaban esperando. Los surferos le agradecieron efusivamente que les hubiera avisado y le dieron palmaditas en la espalda. Por su parte, Butch Connor nunca había estado tan contento de pisar tierra firme.

Cuando razón y emoción chocan

Butch y el enorme tiburón blanco no fueron los únicos que esa mañana libraron una batalla en el agua. En lo más profundo del cerebro de Butch, su mente luchaba por controlar su comportamiento frente a una avalancha de emociones intensas.

Por lo general, se imponían sus sentimientos, lo cual iba básicamente en su detrimento (miedo paralizante) pero en ocasiones también en su beneficio (el miedo le llevó a utilizar la tabla para defenderse). Haciendo un gran esfuerzo, Butch fue capaz de tranquilizarse, y —al darse cuenta de que el tiburón no marcharía— de hacer el arriesgado recorrido a nado hasta la orilla, para salvar la vida. Aunque muchos nunca tendremos que lidiar con un enorme tiburón blanco, nuestro cerebro tiene que luchar, cada día, como el cerebro de Butch.

Superar el desafío diario de lidiar de manera eficaz con las emociones es fundamental para la condición humana porque nuestro cerebro está diseñado para dar prioridad a las emociones. Así es como funciona: todo lo que vemos, olemos, oímos, degustamos y tocamos es una información que recorre nuestro cuerpo en forma de señales eléctricas. Esas señales van pasando de célula en célula hasta que llegan a su destino último, el cerebro. Se introducen por la base del mismo, cerca de la médula espinal, pero antes de llegar al lugar en el que se produce el pensamiento racional y lógico, tienen que llegar hasta el lóbulo frontal (detrás de la frente). El problema es que han de pasar por el sistema límbico, donde se producen las emociones. Ese recorrido garantiza que las cosas puedan experimentarse emocionalmente antes de que entre en escena el razonamiento.

El área racional del cerebro (la parte frontal del mismo) no puede detener la emoción «sentida» por el sistema límbico, pero las dos áreas se influyen mutuamente y mantienen una comunicación constante.

La comunicación entre el «cerebro» emocional y el «cerebro» racional es la fuente de inteligencia emocional física.

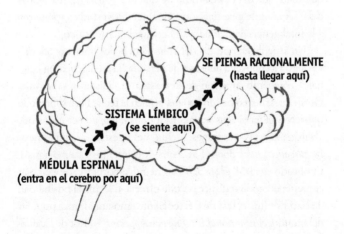

SE PIENSA RACIONALMENTE
(hasta llegar aquí)

SISTEMA LÍMBICO
(se siente aquí)

MÉDULA ESPINAL
(entra en el cerebro por aquí)

El recorrido físico de la inteligencia emocional empieza en el cerebro, en la médula espinal. Aquí tienen lugar las primeras sensaciones que deben viajar hasta la parte frontal del cerebro para que podamos pensar racionalmente en una experiencia. Pero antes tienen que pasar por el sistema límbico, donde se experimentan las emociones. La inteligencia emocional requiere una comunicación efectiva entre los centros racional y emocional del cerebro.

Cuando se descubrió la inteligencia emocional, se utilizó como el eslabón perdido en una conclusión o teoría muy peculiar: las personas que tienen el cociente intelectual (CI) muy alto superan a quienes tienen un CI medio solo un 20 por ciento de las veces, mientras que las que poseen un CI medio superan a quienes tienen un CI muy alto el 70 por ciento de las veces.

Esta anomalía supuso un fuerte varapalo para lo que la gente siempre había considerado que era la fuente del éxito, es decir, el cociente intelectual. Los científicos llegaron a la conclusión de que tenía que haber otra variable que explicara el éxito, aparte del CI, y años de investigación e innumerables estudios apuntaron a la inteligencia emocional (CE) como el factor crítico.

Un artículo en portada del *Time* y horas de cobertura televisiva dieron a conocer a millones de personas la inteligencia emocional, y en cuanto supieron de su existencia, quisieron saber más. Quisieron saber cómo funcionaba y quién la tenía. Pero sobre todo quisieron saber si ellas tenían. Empezaron a aparecer libros que abordaban estas cuestiones, incluido el nuestro, *The Emotional Intelligence Quick Book* [Las claves de la inteligencia emocional]. Publicado en 2004, *el quick book* era único porque cada ejemplar contenía un código de acceso que ofrecía al lector la posibilidad de hacer online el test de CE (cociente emocional) más popular del mundo, el *Emotional Intelligence Appraisal®* (Test de Evaluación de Inteligencia Emocional). El libro satisfizo la curiosidad de los lectores mostrando los entresijos del CE y (gracias al test) ofreciéndoles una nueva perspectiva de sí mismos que no podían obtener en ningún otro medio.

The Emotional Intelligence Quick Book fue un éxito; de inmediato se convirtió en un best seller, que fue traducido a veintitrés idiomas y que actualmente está disponible en más de ciento cincuenta países. Pero los tiempos han cambiado. El campo de la inteligencia emocional se está extendiendo hacia nuevas áreas de investigación y está explorando cómo una persona puede aumentar su CE y obtener beneficios duraderos que tengan un impacto profundamente positivo en su vida. Del mismo modo que antes de publicarse *The Emotional Intelligence Quick Book* saber cuál era nuestro CE era un privilegio que estaba reservado a unos pocos, actualmente saber cómo puede mejorarse el CE es algo que está reservado a determinados círculos aislados. Nuestra empresa prepara a centenares de personas cada semana para que mejoren su CE, pero, incluso a este ritmo, ¡tardaríamos 3.840 años en llegar a todos los adultos que residen en este momento en Estados Unidos! Somos conscientes de que, sin darnos cuenta, hemos estado ocultando información muy importante. Creemos que todo el mundo ha de tener la oportunidad de mejorar su CE, y hemos escrito este libro para hacerlo posible.

Su trayecto

Inteligencia emocional 2.0 tiene una finalidad: aumentar el cociente intelectual. Estas páginas le permitirán saber mucho más del CE y averiguar cuál es el suyo. Descubrirá estrategias probadas que puede empezar a poner en práctica hoy mismo para dar un buen impulso a su CE.

A medida que vaya cambiando e incorporando nuevas habilidades y capacidades, podrá aprovecharse de todos los beneficios que ofrece esta increíble habilidad humana.

Las 66 estrategias incluidas en este libro son el resultado de muchos años de observación y estudio centrado en personas como usted. Estas estrategias ofrecen los detalles específicos de todo lo que tiene que decir, hacer y pensar para aumentar su CE. Para sacarles el máximo partido posible, debe saber dónde concentrar su atención. El primer gran paso en su recorrido hacia una inteligencia emocional superior es entrar en internet y hacer la nueva edición del Test de Evaluación de Inteligencia Emocional; le proporcionará un punto de referencia a partir del cual podrá evaluar sus progresos a medida que vaya leyendo y aprendiendo. El cálculo del CE supone algo más que un ejercicio de aprendizaje conceptual o motivacional, pues la puntuación que obtenga pondrá de manifiesto aquellas habilidades que debe mejorar y le indicará las estrategias concretas de este libro que le ayudarán a conseguir esa mejora. Se trata de una nueva prestación y elimina la subjetividad a la hora de elegir las estrategias que pueden contribuir en mayor forma a mejorar el CE.

Cabría establecer un paralelismo entre medir el CE y aprender a bailar el vals. Si le digo cómo se baila, es probable que aprenda algo y puede que incluso tenga ganas de probarlo.

Si mientras le enseño a bailar el vals va practicando los pasos con su pareja, la probabilidad de que los recuerde cuando esté en la pista de baile aumenta exponencialmente. El perfil de CE que obtiene al hacer el test de inteligencia emocional es su pareja de baile a la hora de desarrollar esas habilidades. Le recordará qué paso tiene que dar con los distintos compases musicales.

El informe online incluye un sistema de seguimiento de objetivos que resume las aptitudes en las que está trabajando y ofrece recordatorios automáticos que le ayudarán a mantenerse concentrado. Las actividades de aprendizaje online incluyen ejemplos del CE a través de videoclips de películas de cine y de televisión, así como de acontecimientos reales. También podrá comparar sus puntuaciones con las de otras personas. Verá sobre qué porcentaje de la población ha obtenido una puntuación más alta y podrá comparar su puntuación con la de grupos específicos con los que comparte ciertas características. Podrá solicitar que la puntuación de su informe sea comparada con las de otros en función del género, la edad, la localización, el tipo de trabajo y el cargo. Por ejemplo, podría comparar su puntuación con la de otras mujeres de cuarenta años que también fueran directoras de marketing de una compañía en Estados Unidos.

Si hace el test de inteligencia emocional, aparte de obtener las puntuaciones más exactas posibles, podrá ver cómo van evolucionando sus puntuaciones con el tiempo.

Puede hacer el test dos veces, una ahora y otra cuando haya tenido tiempo suficiente para practicar y adoptar las estrategias incluidas en este libro. En cuanto haya completado el test por segunda vez, su informe actualizado le ofrecerá las dos puntuaciones, una al lado de la otra, y le indicará cómo ha cambiado y qué pasos tiene que dar a continuación para que su CE siga beneficiándole.

Para acceder al test, visite https://www.talentsmarteq.com/eiqb2/welcome.php?lang=spanish y para obtener su código personal de acceso gratis, por favor envíe su solicitud a PRHGEUSA.Editorial@penguinrandomhouse.com adjuntando recibo o prueba de compra de su libro.

Las emociones pueden hacerle mucho bien y mucho mal, pero hasta que no las conozca y comprenda, le será imposible hacer nada al respecto. Le invitamos a iniciar su viaje ya, porque sabemos que el dominio y la comprensión de las emociones pueden convertirse en una realidad.

Capítulo 2

Visión general

Antes de pasar a analizar detenidamente cada una de las cuatro habilidades de la CE en el próximo capítulo, hay ciertas generalidades que tiene que saber. En la última década hemos estudiado a más de quinientas mil personas para explorar el papel que desempeñan las emociones en la vida diaria. Hemos descubierto cómo se ven las personas a sí mismas y cómo las ven los demás, y hemos observado de qué manera las distintas decisiones afectan al éxito personal y profesional.

A pesar de que cada vez hay un mayor interés por el CE, sigue existiendo un déficit global por lo que al conocimiento y la gestión de las emociones se refiere. Solo el 36 por ciento de las personas estudiadas es capaz de identificar correctamente sus emociones cuando las está experimentando. Esto significa que dos de cada tres personas suelen estar controladas por sus emociones y, sin embargo, no son capaces de identificarlas y de utilizarlas en su beneficio.

En el colegio no nos enseñan a identificar y a comprender las emociones. Entramos en el mundo laboral sabiendo leer, escribir y expresar nuestros conocimientos, pero, por lo general, carecemos de las habilidades necesarias para gestionar nuestras emociones a la hora de hacer frente a los difíciles problemas con los que nos vamos encontrando. Las buenas decisiones requieren mucho más que conocimientos teóricos. Requieren un buen conocimiento de nosotros mismos y el dominio de nuestras emociones.

Considerando la gran cantidad de emociones que todos expresamos, no es de extrañar que sean capaces de sacar lo mejor de nosotros. Tenemos infinidad de palabras para describir los sentimientos que afloran en nuestra vida, y sin embargo todas las emociones son derivaciones de cinco sentimientos principales: felicidad, tristeza, ira, miedo y vergüenza. A medida que avanzamos en nuestra rutina diaria —cuando estamos trabajando, con nuestra familia o amigos, comiendo, haciendo ejercicio, descansando o incluso durmiendo—, estamos sometidos a un flujo de emociones constante. Es muy fácil olvidarnos de que tenemos reacciones emocionales a prácticamente todo lo que ocurre en nuestra vida, seamos conscientes o no. La complejidad de esas emociones se pone de manifiesto en diversos grados de intensidad.

Las cinco emociones fundamentales van de izquierda a derecha en la parte superior de la tabla. Las manifestaciones de cada emoción basadas en la intensidad con la que se sienten se describen debajo de cada una de las columnas de la misma.

Desencadenantes y secuestros emocionales

Mientras Butch Connor era atacado por el enorme tiburón blanco, estaba experimentando varios secuestros emocionales: momentos en los que sus emociones controlaban su comportamiento y le hacían reaccionar sin pensar. Por lo general, cuanto más intensas son nuestras emociones, mayor es la probabilidad de que dicten nuestros actos. Sin lugar a dudas, las situaciones en las que está en juego la propia vida —como cuando te está atacando una bestia enorme— provocan un secuestro emocional temporal.

INTENSIDAD DE LOS SENTIMIENTOS	FELIZ	TRISTE	ENFADADO	ATEMORIZADO	AVERGONZADO
Alta	Eufórico	Deprimido	Furioso	Aterrado	Afligido
	Excitado	Agonizante	Rabioso	Horrorizado	Compungido
	Exultante de alegría	Solo	Indignado	Muerto de miedo	Calumniado
	Emocionado	Herido	Quemado	Petrificado	Despreciable
	Exuberante	Rechazado	Iracundo	Temeroso	Desgraciado
	Dichoso	Desesperado	Atacado	En pánico	Deshonrado
	Enardecido	Afligido	Odioso	Frenético	Mortificado
	Apasionado	Miserable	Traicionado	Conmocionado	Amonestado
Media	Animado	Desconsolado	Disgustado	Aprensivo	Contrito
	Agradecido	Apagado	Enojado	Asustado	Indigno
	Alegre	Perdido	A la defensiva	Amenazado	Taimado
	Aliviado	Apesadumbrado	Frustrado	Inseguro	Culpable
	Satisfecho	Deshinchado	Agitado	Molesto	Apurado
	Resplandeciente	Melancólico	Despechado	Intimidado	Reservado
Baja	Encantado	Infeliz	Perturbado	Precavido	Vergonzoso
	Contento	Malhumorado	Fastidiado	Nervioso	Ridículo
	Agradable	Abatido	Amargado	Preocupado	Arrepentido
	Tierno	Disgustado	Reacio	Tímido	Incómodo
	Complacido	Decepcionado	Irritado	Indeciso	Apiadado
	Afable	Insatisfecho	Susceptible	Ansioso	Atontado

Adaptado de y reproducido con permiso de Julia West.

En el caso de Butch, los secuestros emocionales hicieron que se quedara paralizado por el miedo, pero incluso en presencia de un devorador de hombres, fue capaz de utilizar su mente para recuperar el control de sus emociones. Butch razonó consigo mismo hasta que la parálisis remitió y se tranquilizó lo suficiente para remar hasta la orilla. Los pensamientos de Butch no hicieron desaparecer sus sentimientos de miedo y terror, pero impidieron que sus emociones boicotearan su comportamiento.

Puesto que nuestro cerebro está preparado para que seamos criaturas emocionales, nuestra primera reacción a un hecho siempre será emocional. No podemos controlar esa parte del proceso, pero sí controlar los pensamientos que siguen a una emoción, e influir en nuestra forma de reaccionar ante ella..., siempre y cuando seamos conscientes de que la experimentamos.

Algunas experiencias producen emociones de las que no nos cuesta ser conscientes; en otras ocasiones, las emociones quizá nos pasen desapercibidas. Cuando algo produce en nosotros una reacción emocional prolongada, se denomina «evento desencadenante». Nuestra reacción a nuestros desencadenantes viene definida por nuestra historia personal, que incluye nuestra experiencia en situaciones similares. A medida que vayan mejorando sus habilidades de CE, irá aprendiendo a identificar sus desencadenantes y a poner en práctica respuestas productivas que acabarán convirtiéndose en habituales.

Evaluar a la persona en su conjunto

La inteligencia emocional es la capacidad de reconocer y entender las emociones de uno mismo y las de los demás, y la capacidad de utilizar esa información para gestionar el comportamiento y las relaciones. La inteligencia emocional es ese «algo» que hay en cada uno de nosotros que es un poco intangible. Influye en nuestra forma de gestionar nuestro comportamiento, de sortear las complejidades sociales y de tomar decisiones personales que nos permitan obtener resultados positivos.

La inteligencia emocional utiliza o explota un elemento fundamental del comportamiento humano que es distinto de nuestro intelecto. No hay ninguna conexión conocida entre el CI y el CE; no podemos predecir el CE de una persona partiendo de su nivel de inteligencia. La inteligencia cognitiva, o CI, no es flexible.

Nuestro CI, excepto en el caso de un evento traumático, como una lesión cerebral, viene determinado en el momento del nacimiento. No nos volvemos más listos aprendiendo cosas o adquiriendo informaciones nuevas. Nuestra inteligencia es nuestra capacidad de aprender, y es la misma a los quince que a los cincuenta años. El CE, sin embargo, es una habilidad flexible que puede aprenderse. Si bien es cierto que algunas personas son, por naturaleza, más emocionalmente inteligentes que otras, es posible desarrollar un elevado CE aunque no se haya nacido con él.

La personalidad es la última pieza del puzzle. Es el «estilo» estable que define a cada uno de nosotros. La personalidad de cada uno de nosotros es el resultado de sus preferencias, como por ejemplo de su tendencia a la introversión o a la extroversión. No obstante, al igual que el CI, la personalidad no puede utilizarse para predecir la inteligencia emocional. También, al igual que sucede con el CI, la personalidad permanece estable durante toda la vida. Los rasgos de la personalidad se manifiestan en el ser humano muy pronto, y ya no desaparecen. Se tiende a asumir que ciertos rasgos de personalidad (por ejemplo la extroversión) están asociados con un CE superior, pero quienes prefieren estar con otras personas no son más inteligentes emocionalmente que aquellos que prefieren estar solos. Es posible utilizar la personalidad para contribuir al desarrollo del CE, pero este no depende de la personalidad. El CE es una habilidad flexible, mientras que la personalidad no cambia. Evaluar conjuntamente el CI, el CE y la personalidad de una persona es la mejor forma de hacerse una idea general de ella.

Cuando se evalúan los tres en una misma persona, se observa que no hay demasiado solapamiento entre ellos. De hecho, cada uno cubre un territorio único que ayuda a explicar lo que hace que cada uno de nosotros sea como es.

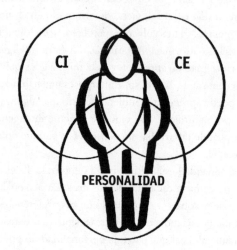

El CI, la personalidad y el CE son cualidades distintas que todos tenemos. Juntos determinan nuestra forma de pensar y de actuar. Es imposible determinar una a partir de otra. Una persona puede ser inteligente pero no emocionalmente inteligente, y personas distintas con personalidades de lo más variadas pueden tener muy alto el CE y/o el CI. De las tres, el CE es la única cualidad que es flexible y que puede cambiar.

El impacto del CE

¿Cuánto influye el CE en el éxito profesional? La respuesta breve es: ¡mucho!

Es una forma muy efectiva de concentrar la energía de las personas en una dirección con un resultado increíble.

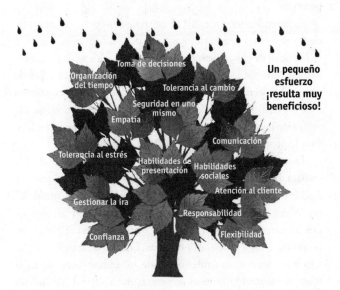

Un pequeño esfuerzo ¡resulta muy beneficioso!

El CE es la base de una serie de aptitudes fundamentales. Un pequeño esfuerzo por incrementar su CE suele tener un impacto muy importante, positivo en su vida.

Hemos analizado el CE para otras 33 aptitudes importantes y hemos llegado a la conclusión de que comprende la mayoría de ellas, incluida la organización del tiempo, la toma de decisiones y la comunicación. El CE constituye la base de una serie de aptitudes fundamentales; influye prácticamente en todo cuanto hacemos y decimos cada día.

El CE es tan importante para el éxito que es responsable del 58 por ciento del rendimiento en todo tipo de empleos. Es el indicador de rendimiento más importante en el trabajo y el impulsor más determinante del liderazgo y de la excelencia personal.

Independientemente del CE que tenga una persona, esta puede trabajar para mejorarlo, y si tiene un CE bajo puede llegar a igualarlo al de sus compañeros de trabajo. Una investigación llevada a cabo en la escuela de negocios de la Universidad de Queensland, en Australia, descubrió que las personas que tienen un CE y un rendimiento laboral bajo son capaces de ponerse a la altura de aquellos de sus compañeros que destacan en ambos; simplemente, deben trabajar para mejorar su CE.

De todas las personas que hemos estudiado en su lugar de trabajo, hemos descubierto que el 90 por ciento de las que más rinden tiene un CE alto. Sin embargo, solo el 20 por ciento de las que muestran un rendimiento laboral bajo tiene un CE alto. Es posible rendir mucho en el trabajo y no tener un CE alto, pero las probabilidades son muy pequeñas. Los que desarrollan su CE tienden a tener éxito profesional porque ambas cosas van de la mano. Obviamente, quienes presentan un CE elevado ganan más dinero —una media de 29.000 dólares más al año que los que tienen un CE bajo—. La conexión entre el CE y los beneficios es tan directa que cada punto de incremento del CE añade 1.300 dólares al salario anual.

Estas conclusiones se aplican a trabajadores de todos los sectores, a todos los niveles, en todos los lugares del mundo. Aún no hemos encontrado un trabajo en el que el rendimiento y el sueldo no estén directamente relacionados con el CE.

Hoy en día, si se quiere tener éxito profesional y sentirse realizado, hay que aprender a maximizar las aptitudes personales de CE, ya que solo los que consiguen una combinación única de razón y emoción logran los mejores resultados. El resto del libro le enseñará cómo puede usted conseguirlo.

Capítulo 3

Las señales que distinguen la inteligencia emocional: las cuatro habilidades fundamentales

Si realmente quiere mejorar su capacidad en las cuatro habilidades de la inteligencia emocional, tiene que conocer mejor cada una de ellas e identificarlas cuando se hacen patentes. Las cuatro habilidades de la inteligencia emocional se agrupan bajo dos competencias fundamentales: la competencia personal y la competencia social. La competencia personal está compuesta por las habilidades de autoconocimiento y de autogestión, que se concentran más en la persona individualmente que en su interacción con otras personas. La competencia personal es la capacidad de ser consciente de las emociones que se experimentan y de gestionar los propios comportamientos y tendencias.

La competencia social está compuesta por la conciencia social y las habilidades de gestión de las relaciones; la competencia social es la habilidad para comprender el estado de ánimo, el comportamiento y las motivaciones de los demás a fin de mejorar la calidad de las relaciones.

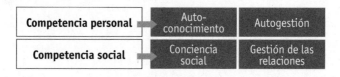

| Competencia personal | Auto-conocimiento | Autogestión |
| Competencia social | Conciencia social | Gestión de las relaciones |

Autoconocimiento

El autoconocimiento es la capacidad de reconocer las propias emociones en el momento que se producen y de saber cómo se suele reaccionar en las distintas situaciones. El autoconocimiento implica estar por encima de las respuestas típicas a determinadas situaciones, dificultades y personas. Es muy importante conocer muy bien las inclinaciones o tendencias personales, ya que nos permiten interpretar rápidamente las emociones.

Para tener un alto grado de autoconocimiento hay que estar dispuesto a tolerar la incomodidad de concentrarse en sentimientos que pueden ser negativos.

La única forma de comprender realmente nuestras emociones es dedicar el tiempo suficiente a pensar en ellas para averiguar cuál es su origen y por qué están ahí. Las emociones siempre son resultado de algo. Puesto que son nuestras reacciones al mundo que nos rodea, las emociones siempre tienen su origen. Muchas veces parece que surgen de manera espontánea, y es esencial entender por qué algo provoca una reacción en nosotros. Quienes son capaces de hacerlo pueden llegar al germen de un sentimiento rápidamente. Las situaciones que generan emociones fuertes siempre requieren más reflexión, y esos períodos de reflexión prolongada suelen impedir que hagamos algo de lo que luego podríamos arrepentirnos.

El autoconocimiento no se consigue descubriendo secretos profundos u oscuros o motivaciones inconscientes, sino que en realidad se consigue desarrollando una idea sincera y honesta de lo que hace que seamos como somos. Las personas que poseen un alto nivel de autoconocimiento tienen muy claro lo que hacen bien, lo que las motiva y satisface, y qué personas y situaciones las sacan de sus casillas.

Lo sorprendente del autoconocimiento es que solo el hecho de pensar en él nos ayuda a mejorar la habilidad, a pesar de que inicialmente se tiende a pensar únicamente en lo que se hace «mal». Conocerse bien significa que no se tiene miedo de cometer «errores» emocionales. Indican lo que tendría que hacerse de forma diferente y ofrecen el flujo de información continuado que se necesita saber a medida que va transcurriendo la vida.

El autoconocimiento es una habilidad de base: en cuanto la tienes, el autoconocimiento hace que las otras habilidades de la inteligencia emocional sean mucho más fáciles de utilizar. A medida que aumenta el autoconocimiento, el grado de satisfacción de la gente con la vida —definido como la capacidad de conseguir sus objetivos en el hogar y en el trabajo— se eleva notablemente. El autoconocimiento es tan importante para el rendimiento laboral que el 83 por ciento de las personas con un autoconocimiento profundo son muy efectivas en su trabajo, mientras que solo el 2 por ciento de las que son muy poco efectivas poseen un autoconocimiento poco desarrollado. ¿Cómo es posible? Esto es así porque cuando nos conocemos bien a nosotros mismos, crecen las probabilidades de aprovechar las oportunidades adecuadas, de poner en práctica las aptitudes y —quizá esto es lo más importante— de impedir que las emociones nos frenen.

La necesidad de autoconocimiento nunca había sido mayor. Guiados por la noción errónea de que la psicología solo trata la patología, asumimos que únicamente podemos conocernos bien a nosotros mismos en situaciones de crisis.

Tendemos a mostrarnos conformes con aquellas cosas con las que nos sentimos cómodos, y nos ponemos una venda en los ojos en el momento en que algo nos hace sentir incómodos. Pero en realidad necesitamos ver la totalidad de las cosas. Cuanto más conscientes seamos de lo bueno y de lo malo, de lo bello y de lo imperfecto, más fácil nos resultará sacar el máximo partido a nuestro potencial.

SEÑALES DE CAPACIDAD DE AUTOCONOCIMIENTO

Dave T., director regional de servicios
Puntuación en autoconocimiento = 95*

Lo que dicen quienes trabajan con él:
«Dave tiene objetivos a largo plazo muy claros, y no hace sacrificios en pro de obtener beneficios a corto plazo. Dave es una persona muy directa que no engaña a nadie ni se anda con rodeos. Lo he comprobado en las reuniones de la empresa y con los clientes».

«El mejor ejemplo que puedo dar de Dave es cuando entró en nuestra empresa. Estoy seguro de que se moría de ganas de hacer cambios en el equipo local; sin embargo, se tomó su tiempo para analizar detenidamente la situación, el equipo y los clientes antes de hacer sugerencias o dar órdenes para incrementar cambios.»

«Resumiendo, Dave controla sus emociones; las emociones no lo controlan a él. Le he visto encajar malas noticias relativas a la empresa frunciendo ligeramente el ceño, y luego, sobreponerse al instante y reunirse con su equipo y buscar soluciones para mejorar la situación.»

(*) Las puntuaciones del Test de Evaluación de la Inteligencia Emocional van del 1 al 100. Las puntuaciones y los comentarios de los compañeros de trabajo son de personas reales, a pesar de que se han cambiado los nombres y otros datos identificatorios.

María M., directora de recursos humanos
Puntuación en autoconocimiento = 90

Lo que dicen quienes trabajan con ella:
«En todas las situaciones en las que me he visto implicado, buenas o malas, María siempre se ha mantenido fría, tranquila y serena; ha sido así incluso en ocasiones en las que yo sabía que debía de sentirse frustrada o enfadada. María es muy honesta con sus sentimientos y nunca los oculta ni los disfraza. Cuando se enfrenta a una situación difícil, sabe mantenerse firme y tranquila al mismo tiempo».

«Siempre se muestra muy abierta y auténtica, y tiene muy buena relación con todo el mundo. Me atrevería a decir que María no cambia nunca; sin embargo, en ocasiones puede mostrarse un poco dura. Es consciente de ello y va con mucho cuidado para no perder los estribos.»

«En situaciones difíciles con los empleados, María cuida el tono que emplea y se esfuerza por mantener la conversación apropiada. La gente confía en ella.»

SEÑALES DE FALTA DE CAPACIDAD DE AUTOCONOCIMIENTO

Tina J., directora de marketing
Puntuación en autoconocimiento = 69

Lo que dicen quienes trabajan con ella:
«De vez en cuando, Tina proyecta su estrés y su sensación de urgencia en los demás. Sería bueno que fuera más consciente de que su comportamiento afecta al trabajo y al estrés emocional de quienes la rodean. Como además algunas veces se pone agresiva o a la defensiva, convendría que controlara el tono y el lenguaje que emplea.»

«Cuando las cosas le van bien, sus habilidades de inteligencia emocional son más intensas. Tiene que aprender a interpretar sus sentimientos y a identificar sus desencadenantes para poder responder de manera más eficaz cuando se producen.»

«Tiene que ser consciente de la imagen que da a los demás. De vez en cuando puede ser muy exigente, aunque no creo que sea consciente de ello.»

Giles B., director de operaciones
Puntuación en autoconocimiento = 67

Lo que dicen quienes trabajan con él:

«Giles vive en su "pequeño mundo". Evidentemente se preocupa por sus compañeros de trabajo, pero es como si no supiera dónde tiene que trazar el límite. En ocasiones su personalidad puede resultar abrumadora y no darse cuenta de que está incomodando, frustrando o agobiando a los demás.»

«En el trato con los clientes, se le da muy bien hablar de los productos y servicios que ofrecemos. En los grupos de proyectos, algunas veces está tan obsesionado con el resultado, que se pierde en el proceso. Si se detuviera un momento, dejara que las emociones se apaciguaran y considerara las opciones para llegar al resultado deseado, las cosas serían mucho más fáciles.»

«Giles es un apasionado de su trabajo. Algunas veces esa pasión se interpone en el camino. En ocasiones aparece de repente y empieza a hablarme, sin darse cuenta de que estaba ocupado haciendo otra cosa. Cuando se pone nervioso, grita mucho y es muy difícil intervenir. No lo hace adrede; simplemente, está muy nervioso.»

Autogestión

La autogestión se pone en práctica cuando actuamos... o no actuamos. Depende del autoconocimiento, y es la segunda componente más importante de la competencia personal. La autogestión es la capacidad de utilizar el conocimiento de las propias emociones para ser flexible y gestionar el comportamiento de uno mismo de forma positiva. Esto significa ser capaz de gestionar las reacciones emocionales a las situaciones y a las personas. Algunas emociones provocan un temor tan paralizante que somos incapaces de pensar y no sabemos qué hacer, partiendo de la base de que algo debería hacerse. En esos casos, la habilidad de autogestión se pone de manifiesto a través de la capacidad de tolerar la incertidumbre, a medida que se van explorando las emociones y las opciones. Una vez que usted haya descubierto sus emociones y se encuentre cómodo con ellas, lo que tiene que hacer le parecerá evidente.

La capacidad de autogestión es algo más que resistir conductas explosivas o problemáticas. Lo más difícil es gestionar las tendencias y aplicar las habilidades en una variedad de situaciones. Las oportunidades de autocontrol obvias y momentáneas (por ejemplo: «¡No puedo soportar a ese perro!») son las más fáciles de identificar y gestionar. Los auténticos resultados se consiguen poniendo las necesidades momentáneas en segundo plano para perseguir objetivos más amplios, más importantes.

El cumplimiento de esos objetivos suele aplazarse, lo cual significa que el compromiso con la autogestión se pone a prueba constantemente. Los que saben gestionarse bien son capaces de ver las cosas con tranquilidad. El éxito es para quienes pueden poner sus necesidades en segundo plano y gestionar continuamente sus impulsos.

SEÑALES DE CAPACIDAD DE AUTOGESTIÓN

Lane L., directora de asistencia sanitaria
Puntuación en autogestión = 93

Lo que dicen quienes trabajan con ella:

«Lane es la paciencia y la comprensión personificadas en las reuniones más acaloradas, más cargadas emocionalmente. Muchos de los presentes participan de manera crispada en la discusión, mientras que Lane escucha activamente y responde con conocimiento y criterio.»

«La he visto con mis propios ojos enfrentándose a situaciones difíciles (por ejemplo, despidiendo a un empleado). Lane es sensible, y sin embargo directa. Escucha con paciencia y da muy buen ejemplo de conducta.»

«Lane es una persona excepcional. Es buena comunicadora y tiene los pies en la tierra. Su reacción a las crisis es excelente. Su habilidad para separar la emoción de la razón la convierten en una magnífica directora táctica. Ojalá hubiera más personas como ella.»

Yeshe M., programador informático
Puntuación en autogestión = 91

Lo que dicen quienes trabajan con él:

«Yeshe maneja muy bien las situaciones estresantes y controvertidas. Por mucho que los directores de proyectos (PM) le agobien, ¡nunca pierde los nervios! Además es perfectamente capaz de colaborar con personas con un estilo de trabajo muy diferente al suyo. Sé que algunas veces debe de ser muy frustrante tener que discutir con ellos, pero Yeshe no pierde nunca la paciencia.»

«He visto a Yeshe en una situación extremadamente frustrante en la que no podía cerrar un tema porque otros no habían hecho su trabajo. Manejó la situación con educación y profesionalidad. Volvió a explicar el procedimiento a fin de llegar a la mejor solución posible, a pesar de que estaba disgustado.»

«Nunca he visto a Yeshe hablar negativamente de alguien que tenga una idea o una opinión diferentes. Aquí se habla mucho a espaldas de los demás, y sin embargo él no cae nunca en la tentación, aunque tenga mucho que decir.»

SEÑALES DE FALTA DE CAPACIDAD DE AUTOGESTIÓN

Jason L., consultor de tecnología de la información
Puntuación en autogestión = 59

Lo que dicen quienes trabajan con él:
«Algunas veces, en situaciones estresantes o cuando algo va mal, Jason suele responder con demasiada rapidez o brusquedad o de manera incoherente. Me gustaría que Jason esperara un poco antes de responder y se tranquilizara. Es muy emocional. He visto a sus compañeros de trabajo reaccionar con incredulidad a su forma de comunicarse con ellos. Jason tiene buenas intenciones pero, si se estresa, puede entrarle el pánico. Sus reacciones repercuten en sus compañeros de equipo.»

«Jason tendría que ser más consciente de sus arrebatos verbales y de cómo estos afectan tanto a sus clientes como a sus compañeros de trabajo. No es mala persona; se preocupa mucho por los demás, pero esas pifias verbales no son más que eso, arrebatos que tiene que digerir antes de expresarse. Son más frecuentes cuando está estresado… Como decía un viejo anuncio, "no debería dejar que le vieran sudar tanto".»

«Jason deja que sus emociones dicten su comportamiento.

Algunas veces actúa o habla muy deprisa. Me gustaría que fuera un poco más paciente y que diera a la situación la oportunidad de resolverse sola antes de reaccionar. En muchas ocasiones las situaciones se resuelven solas o no son tan urgentes como él las percibe, pero antes de que te des cuenta, Jason ya ha realzado su intensidad con un montón de mensajes.»

Mei S., directora regional de ventas
Puntuación en autogestión = 61

Lo que dicen quienes trabajan con ella:
«Mei tiene que ser un poco menos sincera. Su equipo no tiene por qué saber todo lo que pasa en la empresa. Si ciertas cosas no le gustan, ha de aprender a guardárselas para ella. Cuando está disgustada, todo el equipo se resiente. En ciertas ocasiones, Mei tiende a irradiar estrés, y como líder, influye negativamente en su equipo generando nerviosismo y negatividad en lugar de reducirlos.»

«A Mei le cuesta mucho felicitar al equipo por sus éxitos; es como si tuviera celos. Tengo la sensación de estar compitiendo con ella, en lugar de sentir que lo que quiere es que me vaya bien. En mi opinión, Mei es una magnífica profesional de las ventas y trata muy bien a los clientes, pero... ojalá diera el mismo trato a sus empleados.»

«Mei tiene que ser más proactiva que reactiva. En épocas de crisis, no debería ir contando a todo el mundo lo estresada que está. Se halla tan centrada y volcada en su éxito personal que algunas veces abarca demasiado. Sin duda, como directora del equipo de la costa Oeste, tiene una carga de trabajo importante, pero debería ser capaz de mantener al margen sus emociones cuando la gente le cuenta sus propios problemas en las reuniones.»

Conciencia social

Como primer componente de la competencia social, la conciencia social es una habilidad básica. La conciencia social es la capacidad de captar las emociones de los demás y de entender lo que les está pasando realmente. Esto suele significar percibir lo que están pensando y sintiendo aunque no se sienta lo mismo. Es muy fácil quedar atrapado en las propias emociones y olvidarse de considerar el punto de vista de la otra parte. Si usted tiene conciencia social, estará atento y absorberá información de vital importancia.

Escuchar y observar son los elementos más relevantes de la conciencia social. Para escuchar y observar bien lo que pasa a nuestro alrededor, tenemos que dejar de hacer muchas cosas que nos gusta hacer. Tenemos que dejar de hablar, interrumpir el monólogo que puede estar desarrollándose en nuestra mente, dejar de anticipar lo que la otra persona va a hacer o decir, y dejar de pensar en lo que vamos a decir a continuación. Se necesita mucha práctica para observar a las personas con las que interactuamos y hacernos una idea bastante aproximada de lo que están pensando y sintiendo. A veces, te sientes como un antropólogo. Los antropólogos se ganan la vida observando a los demás en su medio natural sin dejar que sus propios pensamientos y sentimientos perturben la observación.

Esto es la conciencia social en su forma más pura. La diferencia es que no estará a doscientos metros de distancia observando el desarrollo de los acontecimientos con unos prismáticos. Para ser socialmente consciente, debe ser capaz de identificar y comprender las emociones de los demás cuando está con ellos, como miembro astutamente atento de la interacción.

SEÑALES DE CAPACIDAD DE CONCIENCIA SOCIAL

Alfonso J., director de ventas de una empresa farmacéutica
Puntuación en conciencia social = 96

Lo que dicen quienes trabajan con él:

«Alfonso tiene un talento único para captar las emociones. Se adapta a las distintas situaciones y directivos, y se relaciona con casi todo el mundo. Buenos ejemplos son las comidas, reuniones y excursiones que organiza con los representantes».

«A Alfonso se le da muy bien hablar con los representantes de las frustraciones que tienen con otros departamentos de la compañía. Siempre se interesa por ellos, y es capaz de ponerse en su piel y de preguntarse cuál es el problema. La gente es muy leal a Alfonso.»

«Alfonso reconoce muy bien las emociones cuando tiene que hacer números con sus representantes a fin de mes o a fin de año, y es capaz de sacar el máximo partido a su equipo. Se le da muy bien entablar relaciones con los médicos durante una comida porque sabe cómo tiene que manejar la conversación sin hacer que se sientan controlados.»

Maya S., directora de desarrollo organizacional
Puntuación en conciencia social = 92

Lo que dicen quienes trabajan con ella:

«Maya tiene una extraña habilidad para detectar los problemas y abordarlos. Cuando ha de dar una mala noticia a alguien, es capaz de reconocer sus sentimientos. Piensa en cómo se sentirá esa persona y adapta su estilo de comunicación para ayudarle a llegar a una buena resolución. Le gusta conocer a la gente a nivel personal, para conocer mejor sus puntos de vista y trabajar mejor con ellos.»

«Maya es genial en las reuniones de dirección en las que escucha respetuosamente a sus compañeros y luego da su opinión. Realmente le interesa entender a la gente, y ofrece consejos valiosos basándose en lo que cada uno le ha dicho o ha hecho. Se le da muy bien organizar equipos y desarrollar vínculos estrechos dentro de ellos.»

«Maya es la "oyente activa" más efectiva que he visto en mi vida. Tiene un don especial para comunicar el "contexto" de sus comentarios con el objetivo de garantizar el entendimiento. Es respetuosa con los demás y al mismo tiempo es capaz de establecer su autoridad. Maya motiva e inspira a la gente. Es capaz de animarla y hacer que se sienta cómoda.»

SEÑALES DE FALTA DE CAPACIDAD DE CONCIENCIA SOCIAL

Craig C., abogado
Puntuación en conciencia social = 55

Lo que dicen quienes trabajan con él:

«Craig tiene que respetar las ideas de los demás, aunque tenga un plan mejor. Además tiene que ser más paciente y dejar que tengan planes que son igual de efectivos que los suyos, aunque no coincidan con ellos. Me gustaría que intentara entender lo que piensan y sienten los demás y que se informara bien de las cosas antes de dar su opinión u ofrecer soluciones.»

«Craig debe aprender a escuchar. Tiene que prestar atención a lo que se dice en lugar de pensar en lo que él quiere decir. Su lenguaje corporal revela que no está escuchando, lo cual resulta muy desalentador. También me gustaría que fuera más preciso a la hora de describir las ideas de los demás.»

«A Craig no le gusta socializar. Está muy volcado en su trabajo y a veces se le nota que no le interesa nada lo que le pasa a alguien en un momento determinado. Cuando tiene ideas nuevas (o ideas de su empresa anterior), le cuesta mucho explicarlas. Craig tendría que aprender a escuchar con los oídos y con el corazón. Es como si tuviera que aferrarse firmemente a su postura y no fuera capaz de aceptar los puntos de vista de los demás o incluir la opinión de estos en sus decisiones.»

Rachel M., directora de proyectos
Puntuación en conciencia social = 62

Lo que dicen quienes trabajan con ella:
«En las reuniones, Rachel obvia todo lo que no es técnico. Le son ajenos los estados de ánimo y cómo evolucionan las opiniones. Rachel tiene que aprender a captar el lado no técnico y sí humano de las reuniones, y debe prestar atención a las personas y sus sentimientos.»

«Rachel se concentra en una sola cosa y no es capaz de ver nada más. Esto puede ser muy frustrante para los que estamos a su alrededor. Se le suelen pasar por alto nuestras reacciones. Tendría que observar detenidamente a todos los presentes en las reuniones para tratar de ver en qué piensan antes de adentrarse demasiado en los detalles de su proyecto. Debería presentar los temas de una forma más general, en lugar de centrarse en los pormenores.»

«Algunas veces, cuando está reunida o conversando con alguien, Rachel está tan inmersa en sus pensamientos que no es capaz de escuchar el diálogo implícito o explícito que está teniendo lugar. Esto la hace menos efectiva porque no está participando activamente en la conversación y pierde la oportunidad de influir en la dirección de la misma. Rachel tiene que acostumbrarse a considerar las cosas desde el punto de vista de su interlocutor para poder influir en su perspectiva de su modo más eficaz, o al menos abordarla directamente. También sería muy útil ayudarla a que intentara hacer sus conversaciones más concisas y concretas. La gente puede perder interés o confundirse en las largas conversaciones, o cuando el mensaje no está muy claro.»

Gestión de las relaciones

Si bien la gestión de las relaciones es el segundo componente de la competencia social, esta habilidad suele sumarse a las tres habilidades fundamentales de la inteligencia emocional: autoconocimiento, autogestión y conciencia social. La gestión de las relaciones es la capacidad de utilizar el conocimiento de las propias emociones y de las de los demás para gestionar las interacciones con éxito. Ello garantiza una comunicación clara y una gestión efectiva del conflicto. La gestión de las relaciones también es el vínculo que se va construyendo con los demás. Los que gestionan bien las relaciones pueden conectar con muchas personas diferentes, incluso con las que no son demasiado de su agrado. Las relaciones sociales se tienen que buscar y cuidar. Son el resultado de cómo comprendemos a los demás, de cómo les tratamos y de la historia que compartimos con ellos.

Cuanto más débil es la conexión que usted tiene con una persona, más difícil le resulta darle tu opinión. Si quiere que la gente le escuche, debe practicar la habilidad de gestión de las relaciones e intentar sacar algo bueno de todas ellas, especialmente de las más difíciles. La diferencia entre una interacción y una relación es una cuestión de frecuencia. Es un producto de la calidad, la intensidad y el tiempo que se dedica a interactuar con otra persona.

Para algunos, gestionar las relaciones en momentos de estrés resulta extremadamente difícil. Si tenemos en cuenta que a más del 70 por ciento de las personas estudiadas les resulta complicado gestionar el estrés, no cuesta entender por qué es tan difícil desarrollar relaciones de calidad. Algunas de las situaciones más conflictivas y estresantes se producen en el lugar de trabajo. Los conflictos laborales suelen aparecer cuando la gente evita pasivamente los problemas, porque carece de las habilidades necesarias para iniciar una conversación directa y constructiva. Los conflictos en el lugar de trabajo suelen explotar cuando la gente no gestiona su rabia o frustración y elige descargarla en los demás. La capacidad de gestionar las relaciones ofrece las habilidades necesarias para evitar ambos escenarios, y para sacar el máximo provecho de todas las interacciones.

SEÑALES DE CAPACIDAD DE GESTIÓN DE LAS RELACIONES

Gail C., directora financiera
Puntuación en gestión de las relaciones = 95

Lo que dicen quienes trabajan con ella:
«Gail tiene una habilidad innata para leer el pensamiento y las emociones de la gente, y utiliza lo que descubre para crear un foro de discusión seguro y atractivo. Jamás he encontrado la puerta de Gail cerrada cuando la he necesitado, y siempre intenta mantener una actitud agradable y profesional, incluso cuando tiene mucho trabajo. Todos saben que pueden contar con Gail y que lo que le digan en confianza será respetado y quedará entre ellos.»

«Gail es muy considerada y trata de mejorar las situaciones. Si alguien está enfadado, le hace las preguntas necesarias para hacerse una idea de la situación y luego le da consejos concretos y le ayuda, haciendo que se sienta mejor por completo. Gail hace que te sientas capacitado y seguro de ti mismo, aunque hayas cometido un error. Ayuda a los miembros de su equipo a mejorar y crecer, y es un buen ejemplo de cómo hay que hablar con determinación y sinceridad.»

«Incluso en las conversaciones más difíciles, Gail hace un esfuerzo por mantener una relación agradable y cómoda con todas las partes implicadas. Cuando tiene que reunirse con alguien, se informa sobre sus intereses, y cuando finalmente se reúnen, le pregunta por ello, aunque aparentemente no lo comparta. Gail controla muy bien sus emociones, y cuando habla contigo, parece que siente lo mismo que tú sientes, y tienes la sensación de que le importas y que te entiende.»

Allister B., médico
Puntuación en gestión de las relaciones = 93

Lo que dicen quienes trabajan con él:
«Allister es una persona muy paciente y un oyente empático, por eso sus pacientes le adoran. Se esfuerza por no emitir juicios de valor y concede el beneficio de la duda. Y lo mismo le sucede con las enfermeras y los técnicos. He visto a Allister en momentos en que los familiares de sus pacientes le hacían preguntas difíciles, y ha sido capaz de mantener la calma y responder con simpatía. Escucha con atención lo que le dicen, y si no le gusta o le molesta, nunca lo demuestra. Responde con amabilidad pero con autoridad.»

«Las habilidades de interacción de Allister son increíbles. En situaciones en las que no le he visto muy contento con un resultado determinado, siempre ha expresado su postura y sus expectativas con mucha perspicacia, sin enfadarse ni perder los estribos. Le describiría como una persona directa, poco dada al enfrentamiento y a la pérdida de control. Además le cuesta muy poco elogiar a los miembros de su equipo por sus esfuerzos y sus éxitos cuando lo merecen. Se le da muy bien ver las cosas con perspectiva y dar consejos de una forma compasiva y realista.»

«Nunca he visto a Allister sintiendo menos del 110 por ciento. Sabe perfectamente cuándo abordar un tema con tacto, y sabe cuándo elogiar y animar a los demás. Allister conoce muy bien a sus compañeros, y ello le permite gestionar los conflictos de una forma tranquila y positiva. Todos le respetan porque saben que antes de sacar conclusiones, se informa. Intenta encontrar la mejor manera de comunicarse, incluso cuando el ambiente es de resistencia, confusión o conflicto. Su habilidad para empatizar es notable, y le permite crear relaciones fuertes y positivas.»

Señales de falta de capacidad de gestión de las relaciones

Dave M., director de ventas
Puntuación en gestión de las relaciones = 66

Lo que dicen quienes trabajan con él:

«Si a Dave no le cae bien una persona, demuestra que no tiene ningún interés en desarrollar la relación. Tendría que dedicar el tiempo y los recursos necesarios para hacer que funcionara. Cuando cree que un compañero de trabajo puede no ser su "aliado" sino alguien indigno de su confianza, deja muy clara su opinión sobre él. Esto produce un efecto dominó en las personas a las que se lo dice, y desgasta la camaradería. Dave suele ser efectivo cuando conoce mejor a la gente y está seguro de que no será una amenaza, pero va a tener que superarlo si quiere seguir progresando en la jerarquía de la empresa.»

«Dave puede emocionarse mucho cuando conoce a gente nueva, y esta puede ser una buena cualidad, pero algunos no responden a ese entusiasmo y se alejan de su lado. Les resulta difícil conectar con él. Me gustaría que Dave hiciera un esfuerzo por unificar su equipo y por disipar la idea de que algunas decisiones se toman de acuerdo con su opinión personal o sus preferencias. Muchas veces, la gente tiene la impresión de que su opinión profesional ha sido ignorada, a pesar de haber proporcionado una base sólida para esa opinión.»

«Dave siempre reacciona a la gente en lugar de responderle. Está bien tener opiniones sólidas, pero sin desestimar las de los demás. Además tendría que adaptar su estilo de comunicación al de la otra persona. Suele abordarlo todo de una forma muy directa, lo cual para algunos puede resultar difícil de gestionar.»

Natalie T., supervisora de planta
Puntuación en gestión de las relaciones = 69

Lo que dicen quienes trabajan con ella:
«Natalie suele minimizar la opinión o la experiencia de los demás. Justifica las malas situaciones diciendo que podría haber sido peor, que no lo entiendes o que tendrías que superarlo. Suele mostrarse brusca y poco empática, particularmente con sus subordinados. Me gustaría que fuera más auténtica en sus interacciones con ellos y que mostrara un aprecio general por los demás.»

«Natalie tiene que dejar de encontrar defectos a todas las situaciones. Resulta pesado y desmotivante. Tiene que empezar a reconocer los éxitos de los otros. Natalie tiene fama de dura, de inaccesible y de que es difícil trabajar para ella. Puede que obtenga buenos resultados, pero a expensas de los demás.»

«Me gustaría que Natalie evitara hacer comentarios negativos o críticos a su equipo, o a otras personas, ya que no añaden ningún valor. Ayudar a los demás a ver lo que podrían haber hecho de manera diferente les permite desarrollarse, pero su continuo feedback negativo no sirve para nada más que para empequeñecerlos. Ya nadie valora su opinión, y muchos creen que necesita que la vean superior.»

Capítulo 4

Profundizando: mi plan de inteligencia emocional

La información se desplaza entre los centros racional y emocional del cerebro del mismo modo que los coches se desplazan por las calles de la ciudad. Cuando se practican las capacidades del CE, el tráfico fluye suavemente en ambas direcciones. Los aumentos de tráfico refuerzan la conexión entre los centros racional y emocional del cerebro. El CE se ve enormemente afectado por la capacidad de mantener el camino despejado. Cuanto más se piensa en los propios sentimientos —y se hace algo productivo con ellos—, más fácil se vuelve ese camino. Algunos tenemos que recorrer una carretera comarcal de dos carriles, mientras que otros han construido una autopista de cinco carriles. Sea cual sea la que más se ajuste a su perfil, siempre podrá añadir carriles nuevos.

La «plasticidad» es el término que utilizan los neurólogos para describir la capacidad del cerebro para cambiar. El cerebro puede desarrollar nuevas conexiones del mismo modo que nuestros bíceps pueden desarrollarse si hacemos pesas varias veces por semana.

El cambio es gradual, y cuanto más practicamos nuestra rutina, más fácil nos resulta levantar las pesas. El cerebro no puede desarrollarse como los bíceps porque está limitado por el cráneo, por lo que sus células desarrollan nuevas conexiones para acelerar la eficiencia del cerebro sin aumentar su tamaño.

A medida que vaya aplicando las estrategias de los capítulos siguientes para mejorar sus capacidades de CE, los millones de neuronas microscópicas que se encuentran a lo largo de la carretera que conecta el centro racional y el centro emocional del cerebro desarrollarán pequeños «brazos» (parecidos a las ramas de un árbol) para llegar hasta las otras células. Una sola célula puede desarrollar 15.000 conexiones con sus vecinas. Esa reacción del crecimiento en cadena garantiza que el camino del razonamiento responsable del comportamiento se desarrolle fuerte, haciendo que resulte fácil aplicar este nuevo recurso en el futuro.

Tendrá que practicar las estrategias repetidamente antes de hacerlas suyas. Incorporar un nuevo tipo de comportamiento no siempre resulta sencillo, pero una vez que haya entrenado su cerebro, se convertirá para usted en un hábito.

Si, por ejemplo, es de los que cuando se enfada grita, tendrá que aprender a elegir una reacción alternativa. Deberá practicar esa nueva reacción varias veces antes de que logre que reemplace su impulso de gritar. Al principio, hacer algo que no sea gritar cuando esté muy enfadado le resultará extremadamente difícil. Pero cada vez que lo consiga, se reforzará el nuevo camino. Con el tiempo, la necesidad de gritar será tan débil que le resultará fácil ignorarla. Algunos estudios han evidenciado un cambio duradero en el CE más de seis años después de la adopción de nuevas aptitudes.

El Plan de Acción de la Inteligencia Emocional que desarrollamos a continuación le ayudará a concentrar sus esfuerzos de manera más eficaz a medida que vaya explorando y aplicando las estrategias de CE de los capítulos siguientes. Siga estos pasos para completar su Plan de Acción de la Inteligencia Emocional:

1. **Transfiera las puntuaciones que haya obtenido en el test de inteligencia emocional de la primera parte (Empieza mi trayecto) a su Plan de Acción de la Inteligencia Emocional de la página 61.** Puede anotarlas en las mismas páginas de este libro.

2. **Elija una habilidad de CE en la que trabajar.** La mente humana solo puede concentrarse en una habilidad a la vez. Incluso los más ambiciosos tienen que confiar en que si trabajan diligentemente en una sola habilidad llegarán lejos, pues su capacidad en otras habilidades de CE se sumará a sus esfuerzos. El resultado del test de inteligencia emocional recomienda una habilidad con la que empezar. Puede elegir otra, si lo prefiere, pero le aconsejamos que no empiece por la gestión de las relaciones si su puntuación ha sido inferior a 75 en las cuatro habilidades del CE.

3. **Elija tres estrategias para empezar a poner en práctica para la habilidad que haya escogido.** El informe que obtenga a partir del test de inteligencia emocional recomienda estrategias específicas de este libro basándose en un análisis de su perfil de puntuación. Puede escoger entre estas recomendaciones o elegir estrategias diferentes del capítulo de estrategias de la habilidad elegida.

4. **Elija un mentor de CE.** Piense en alguien que domine la habilidad de CE que haya elegido, y pregúntele si está dispuesto a ofrecerle feedback y ayuda a intervalos regulares durante su recorrido. Asegúrese de establecer una reunión fija y anote el nombre de esa persona en su plan de acción.

5. A medida que vaya aplicando las estrategias elegidas, tenga presente lo siguiente:

a. Espere éxito, no perfección. Cuando se trata de desarrollar nuevas habilidades de CE, la perfección significa esfuerzo insuficiente. Si quiere continuar mejorando, tendrá que seguir conteniéndose cada vez que sus emociones le jueguen una mala pasada.

b. Práctica, práctica, práctica. La práctica es el verdadero secreto para mejorar las habilidades de CE. Practique sus estrategias de CE todo lo que pueda, en situaciones diversas y con todo tipo de personas.

c. Tenga paciencia. Cuando trabajamos por mejorar nuestro CE, podemos tardar algunos meses en apreciar un cambio duradero. Mucha gente ve cambios apreciables y prolongados de tres a seis meses después de haber empezado a trabajar en una habilidad.

6. Evalúe su progreso. Una vez que haya avanzado lo suficiente en la habilidad de CE que haya seleccionado en la primera parte de su plan de acción, vuelva a hacer el test de inteligencia emocional, online, por segunda vez. Complete la segunda parte del plan de acción.

MI PLAN DE ACCIÓN DE INTELIGENCIA EMOCIONAL

Primera parte: empieza mi trayecto
Fecha de culminación:
A continuación, anote las puntuaciones que ha obtenido en el test de inteligencia emocional.

	Puntuación
CE total:	_____
Autoconocimiento	_____
Autogestión	_____
Conciencia social	_____
Gestión de las relaciones	_____

Elija una de las habilidades de la inteligencia emocional y tres estrategias
¿En cuál de las cuatro aptitudes de la inteligencia emocional va a trabajar primero? Rodéela con un círculo en el recuadro inferior.

Auto-conocimiento	Autogestión
Conciencia social	Gestión de las relaciones

Revise las estrategias para la habilidad de la inteligencia emocional que haya seleccionado, y enumere a continuación las tres que pondrá en práctica.

1.

2.

3.

Mi mentor de inteligencia emocional

¿Conoce a alguien que domine la habilidad de inteligencia emocional que ha elegido, y que esté dispuesto a ofrecerle feedback y ayuda a lo largo de todo el recorrido?

Mi mentor de inteligencia emocional es: _____

Segunda parte: hasta dónde he llegado en mi recorrido
Fecha de culminación:

Una vez que haya hecho el test de inteligencia emocional por segunda vez, anote las puntuaciones antiguas y las nuevas.

	Antigua puntuación	Nueva puntuación	+/– Cambio
CE total	_____	_____	_____
Autoconocimiento:	_____	_____	_____
Autogestión:	_____	_____	_____
Conciencia social:	_____	_____	_____
Gestión de las relaciones:	_____	_____	_____

Elija una nueva habilidad de la inteligencia emocional y tres estrategias:

A partir de los resultados obtenidos en el informe de feedback del test de inteligencia emocional, ¿en qué habilidad va a concentrar sus esfuerzos? Elija una nueva habilidad y rodéela con un círculo en el recuadro inferior.

Auto-conocimiento	Autogestión
Conciencia social	Gestión de las relaciones

Revise las estrategias para la habilidad de la inteligencia emocional que haya seleccionado y enumere a continuación las tres que pondrá en práctica,

1.

2.

3.

Mi nuevo mentor de inteligencia emocional
¿Conoce a alguien que domine la nueva habilidad del inteligencia emocional que ha elegido, y que esté dispuesto a ofrecerle feedback y ayuda a lo largo de todo el recorrido?

Mi nuevo mentor de inteligencia emocional es: _____

Capítulo 5

Estrategias de autoconocimiento

En pocas palabras, conocernos bien a nosotros mismos, es decir, el autoconocimiento, es conocernos tal como somos de verdad. En un primer momento, el concepto de autoconocimiento puede resultar un tanto ambiguo. No hay una línea de meta en la que al llegar alguien le ponga una medalla por conocerse bien a sí mismo. El autoconocimiento no consiste simplemente en saber que se es una persona y no una lechuza. Es más profundo que eso. Para conocernos bien por dentro y por fuera, tenemos que hacer un esfuerzo constante por ir adentrándonos poco a poco en nuestro interior e ir sintiéndonos cada vez más cómodos con lo que hay dentro, nuestra verdadera esencia.

Las reacciones emocionales se producen incluso antes de haber tenido la oportunidad de responder. Como es imposible dejar las emociones fuera de la ecuación, para controlarnos a nosotros mismos y nuestras emociones, primero debemos ser conscientes de todos nuestros sentimientos, tanto positivos como negativos.

Si usted no se molesta en identificar y comprender sus emociones, estas tienen una extraña forma de aflorar cuando menos se lo espera. Es su manera de intentar llamar la atención sobre algo importante. Lo malo es que persistirán, y el daño será cada vez mayor, hasta que usted se dé cuenta.

En ocasiones, afrontar quienes somos de verdad puede generarnos mucha ansiedad. Reconocer las emociones y los impulsos requiere honestidad y valor. Hay que tener paciencia y valorar cualquier paso hacia delante, por pequeño que sea. Cuando empiece a advertir cosas de las que antes no era consciente (cosas que no siempre le van a gustar), es que estará progresando.

En el resto de este capítulo proponemos 15 estrategias diferentes, diseñadas para ayudarle a maximizar su autoconocimiento a fin de crear cambios positivos en su vida. Las estrategias son sencillas, y están llenas de ideas y ejemplos que le ayudarán a aumentar su autoconocimiento.

ESTRATEGIAS DE AUTOCONOCIMIENTO

1. Deje de considerar los sentimientos como buenos o malos.
2. Observe los efectos que causan sus emociones.
3. No huya de las situaciones incómodas, búsquelas.
4. Sienta las emociones físicamente.
5. Averigüe qué y quién le saca de sus casillas.
6. Obsérvese como lo haría un halcón.
7. Anote sus emociones en un diario.
8. No se deje llevar por un momento de desánimo.
9. No se deje llevar, tampoco, por un momento de euforia.
10. Párese a pensar por qué hace las cosas que hace.
11. Revise sus valores.
12. Revise su aspecto.
13. Identifique sus emociones en los libros, las películas y la música.
14. Busque feedback.
15. Sepa cómo reacciona en situaciones de estrés.

1. Deje de considerar los sentimientos como buenos o malos

Es propio de la condición de las personas crear dos grupos de emociones, sin complicaciones: las buenas y las malas. Por ejemplo, mucha gente clasificaría automáticamente la culpa como una emoción mala. No queremos sentirla —puede que lleguemos a culpabilizarnos— y hacemos todo lo posible por deshacernos de ella. De forma parecida, tendemos a dejar que las emociones buenas, como la excitación, por ejemplo, se desaten. Nos animamos y nos sentimos llenos de energía.

El inconveniente de asignar estas etiquetas a las emociones es que al juzgarlas somos incapaces de ver lo que estamos sintiendo en realidad. Cuando usted entra en contacto con su emoción y es plenamente consciente de ella, puede entender lo que la está causando. Si deja de emitir juicios sobre las emociones, pueden seguir su curso tranquilamente y desvanecerse. Juzgar si se debería estar sintiendo o no una emoción no sirve para nada, excepto para acumular nuevas emociones e impedir que el sentimiento original siga su curso.

Por lo tanto, la próxima vez que sienta que está empezando a sentir una emoción, preste mucha atención. Evite ponerla en el grupo de las buenas o en el de las malas y recuerde que el sentimiento está ahí para ayudarle a entender algo importante.

2. Observe los efectos que causan sus emociones

Piense un momento en lo que ocurre cuando lanza una piedra al agua. La piedra se desplaza rozando la superficie hasta que se sumerge en el agua y provoca la aparición de ondas en todas las direcciones. Los estallidos de emociones son como piedras que generan ondas hacia todas las personas que hay en su vida. Puesto que las emociones son el principal factor determinante del comportamiento, es muy importante que conozca los efectos que producen en los demás.

Vamos a suponer que un directivo pierde los nervios y reprende a un empleado en presencia del resto del equipo. En el momento de la reprimenda, puede parecer que el objetivo del directivo es el único cuyos sentimientos se están viendo afectados, pero la onda expansiva del estallido del directivo afecta a todos los que han presenciado la escena. Cuando los demás miembros del equipo regresan a sus mesas, también sienten la ira del directivo. Vuelven a su trabajo con un nudo en el estómago, pensando cuándo les tocará a ellos.

El directivo cree que su diatriba ha sido beneficiosa para la productividad porque ha conseguido «que les entrara miedo a todos», pero muy pronto ese miedo se convierte en prudencia.

Para que los miembros del equipo rindan al máximo de sus posibilidades, tienen que correr riesgos, abandonar su zona de confort, e incluso cometer algunos errores a lo largo del camino. Ningún miembro del equipo quiere ser el próximo objetivo del directivo, de forma que todos se limitan a actuar sobre seguro y a hacer lo que les dicen. Cuando un año más tarde el directivo es acusado de liderar un equipo que no tiene iniciativa, él se pregunta qué le pasa a su grupo.

Las emociones son armas muy poderosas, y si sigue pensando que sus efectos son momentáneos y mínimos, se estará haciendo un flaco favor. La clave para observar los efectos que causan sus emociones es vigilar muy de cerca el impacto inmediato que tienen en los que le rodean y utilizar esa información como guía para deducir cómo afectarán a un círculo más amplio, una vez que se hayan desencadenado. Si quiere saber cuáles son los efectos secundarios de sus emociones, tendrá que dedicar un tiempo a reflexionar sobre su comportamiento. Además deberá preguntar a las personas de su entorno cómo les afectan sus emociones. Cuanto mejor conozca y comprenda el efecto que causan sus emociones, mejor preparado estará para elegir el tipo de efectos que quiere producir.

3. No huya de las situaciones incómodas

El obstáculo más difícil de superar para tener un buen nivel de autoconocimiento es nuestra tendencia a evitar la incomodidad o la inquietud que produce vernos tal como somos realmente. Las cosas en las que no pensamos están fuera de nuestro radar por un motivo, y cuando afloran, pueden hacernos mucho daño. Evitar ese dolor crea problemas, porque es una solución a corto plazo. Nunca podremos autogestionarnos bien si no sabemos lo que tenemos que hacer para cambiar.

En lugar de evitar un sentimiento, tenemos que avanzar hacia la emoción, aceptarla y, eventualmente, analizarla. Ello se refiere incluso al malestar emocional más liviano, como el aburrimiento, la confusión o la anticipación. Cuando ignoramos o restamos importancia a una emoción, por pequeña o insignificante que sea, perdemos la oportunidad de hacer algo productivo con ese sentimiento.

Pero lo peor es que cuando ignoramos nuestros sentimientos, no desaparecen sino que afloran de nuevo cuando menos lo esperamos.

En la vida, para ser efectivos, tenemos que descubrir nuestras propias limitaciones; es decir, aquello por lo que no tenemos ningún interés y que desestimamos como intrascendente. Por ejemplo, una persona cree que disculparse es un signo de debilidad, por lo que no es capaz de reconocer cuándo es necesario hacerlo. Otra persona odia estar triste, por lo que está constantemente distrayéndose con actividades sin ningún sentido y, en realidad, nunca está contenta. Ambas personas tienen que dar el gran paso de adentrarse en esos sentimientos que motivarán su cambio. De otra forma, seguirán avanzando por un camino improductivo, insatisfactorio, repitiendo los mismos patrones de conducta una y otra vez.

Cuando abandonamos repetidamente nuestra zona de confort, enseguida nos damos cuenta de que la incomodidad no es tan mala, que no nos destruye y que tiene sus ventajas. Lo sorprendente de aumentar nuestro grado de autoconocimiento es que el mero hecho de pensar en ello nos ayuda a cambiar, a pesar de que al principio centramos la mayor parte de nuestra atención en lo que hacemos «mal». No hay que tener miedo de cometer «errores» emocionales. Esos supuestos errores nos indican lo que tendríamos que hacer de forma diferente y nos ofrecen el flujo de información continuada que necesitamos para conocernos bien a nosotros mismos a medida que vamos avanzando en la vida.

4. Sienta las emociones físicamente

Cuando experimenta una emoción, su cerebro emite unas señales eléctricas que desencadenan unas sensaciones físicas en su cuerpo. Las sensaciones físicas pueden ser tan diversas como la contracción de los músculos abdominales, el aumento del ritmo cardíaco, la aceleración de la respiración o la sequedad de boca. Como el cuerpo y la mente están tan conectados, una de las formas más efectivas de reconocer las emociones cuando se producen es aprender a identificar los cambios físicos que las acompañan.

Si quiere comprender mejor los efectos físicos que le producen sus emociones, pruebe a cerrar los ojos la próxima vez que tenga un momento para estar solo. Sienta lo lento o rápido que va su corazón. Observe el ritmo de su respiración. Compruebe lo tensos o relajados que están los músculos de sus brazos, piernas, cuello y espalda. A continuación, piense en un par de situaciones de su vida —una positiva y una negativa— que le hayan generado emociones fuertes. Piense en uno de esos momentos con el suficiente detalle para sentir que sus emociones se despiertan.

Preste atención a los cambios físicos que acompañan a esos sentimientos. ¿Ha cambiado el ritmo de su respiración o su frecuencia cardíaca? ¿Se han tensado sus músculos? ¿Tiene más frío o más calor? Repita este proceso con la otra situación, y observe las diferencias físicas en las emociones provocadas por ambas experiencias, la negativa y la positiva.

Cerrar los ojos y pensar en situaciones emocionalmente conflictivas no es más que un entrenamiento para el momento de la verdad, que es identificar los signos físicos de las emociones en el momento en que aparezcan. Al principio, intente no pensar demasiado; simplemente, mantenga la mente abierta a las sensaciones que experimente. A medida que vaya mejorando, observará que por lo general será físicamente consciente de una emoción mucho antes de ser mentalmente consciente de ella.

5. Averigüe qué y quién le saca de sus casillas

Todos tenemos un punto flaco, débil o vulnerable, como quiera llamarlo, y cuando nos lo tocan, nos irritamos y enfadamos tanto que queremos gritar. Puede que tenga una compañera de trabajo que siempre se comporta como si estuviera actuando. Su entrada en la sala de reuniones es dramática y efectista, y absorbe la energía que genera la atención de todos los presentes y la utiliza para hacerse con el control de la habitación. Su tono de voz es más alto que el de la mayoría de los presentes y sus aportaciones a las reuniones siempre son extensas como novelas, ya que le encanta escucharse a sí misma.

Si su modo de proceder es mucho más sutil (o le gustaría estar en ese escenario), una persona como esa mujer podría comérselo. Si entra en una reunión con unas ideas magníficas y dispuesto a ir al grano, una reina del drama como ella, que convierte la sala en un escenario, desatará, con toda probabilidad, su frustración y su ira.

Incluso si usted no es el tipo de persona que no puede evitar hacer comentarios impulsivos o que pasa al ataque, su lenguaje corporal puede delatarle, o puede sorprenderse volviendo a casa pensando obsesivamente en su frustración.

Saber quién nos saca de quicio y cómo lo consigue es fundamental para desarrollar la habilidad de tomar el control en situaciones como la descrita, mantener la compostura y tranquilizarnos. Para utilizar esta estrategia, no es posible analizar las situaciones de forma general. Hay que identificar a las personas y las situaciones específicas que desencadenan las emociones. Mucha gente y muchas situaciones le sacarán de sus casillas. Pueden ser ciertas personas (como las reinas del drama), situaciones concretas (como cuando está asustado o le cogen desprevenido) o condiciones del entorno (como despachos ruidosos). Si tiene una idea clara de quién y qué le saca de sus casillas, esas personas y esas situaciones le resultarán un poco menos comprometidas porque no le cogerán por sorpresa.

Puede avanzar un poco más en su autoconocimiento descubriendo el origen de esa incomodidad. Es decir, ¿por qué le molestan tanto esas personas y esas situaciones cuando otras personas y otras situaciones igual de irritantes no le perturban en absoluto? Tal vez la reina del drama le recuerde a una hermana que acaparaba toda la atención cuando usted y ella eran pequeños.

Tuvo que vivir muchos años a su sombra y juró que no permitiría que algo semejante volviera a ocurrir. Ahora, en cada reunión, se sienta al lado del clon de su hermana. No es de extrañar que sea el desencadenante de sus emociones.

Si sabe cuál es el origen de sus arrebatos, le resultará mucho más fácil controlar sus reacciones. De momento, lo que tiene que hacer es muy sencillo: averiguar cuáles son las causas de su irritación y hacer una lista de ellas. Es fundamental para utilizar las estrategias de autogestión y de gestión de las relaciones que desarrollamos un poco más adelante, en este libro.

6. Obsérvese como lo haría un halcón

Los halcones tienen la gran ventaja de poder elevarse cientos de metros por encima del suelo, mirar hacia abajo y ver todo lo que ocurre allí. Las criaturas de la tierra continúan con sus vidas con una visión limitada, y ni siquiera se dan cuenta de que el halcón está volando por encima de ellos previendo cada uno de sus movimientos. ¿No sería estupendo que usted pudiera ser el halcón para, de ese modo, observarse en esas situaciones difíciles que suelen sacar lo peor de usted? Piense en todo lo que podría ver y entender desde arriba. Su objetividad le permitiría escapar al control de sus emociones y saber exactamente lo que tiene que hacer para obtener un resultado positivo.

Aunque evidentemente no es un halcón, tiene la oportunidad de desarrollar un conocimiento más objetivo que el que posee ahora. Puede practicar prestando atención a las emociones, pensamientos y comportamientos que desarrolla en distintas situaciones. Básicamente, el objetivo es que baje el ritmo y vea lo que tiene delante, dejando que su cerebro procese toda la información disponible antes de actuar.

Vamos a plantear un ejemplo. Supongamos que tiene un hijo adolescente y que un viernes por la noche llega a casa dos horas más tarde de lo que le había dicho. Usted está sentado en un sillón del salón, a oscuras, esperando que entre por la puerta y que le dé alguna excusa creativa de por qué ha llegado tarde y no contestaba a sus llamadas telefónicas. Cuanto más tiempo está ahí sentado, pensando en la indiferencia que muestra su hijo por su autoridad y en las horas de sueño que le está robando, más nervioso se pone. Al cabo de un rato, ya no se acuerda de por qué está tan enfadado, sino que le preocupa la seguridad de su hijo. Evidentemente, quiere que cumpla las reglas, pero imaginárselo comportándose de forma temeraria es lo que le está manteniendo despierto.

Para poder observar como lo haría un halcón, en esta situación, hay que aprovechar esa calma que precede a toda tormenta. Sabe que su enfado aflorará con un estallido en el momento en que las poco convincentes excusas de su hijo salgan de su boca, y también sabe que es mucho más probable que siga sus reglas si consigue hacerle ver y entender su inquietud. Este es el momento en el que tiene que pensar en ver la situación desde arriba. Descubrirá que sus pensamientos están avivando las llamas de su ira. Se acordará de que su hijo es un buen chico que últimamente se está comportando como el típico adolescente.

Sabrá que su enfado no hará que él cambie; hasta el momento no ha funcionado. Pero si mira la situación con perspectiva, decidirá que es mejor explicar a su hijo el motivo del castigo y de su enfado, en lugar de limitarse a perder los estribos. Cuando finalmente él entre en casa a hurtadillas, tirando la lámpara que está sobre la mesa, en la oscuridad, usted estará contento de haber podido ver la situación con perspectiva y no con estrechez de miras.

7. Anote sus emociones en un diario

Lo más difícil cuando nos analizamos es ser objetivos. No resulta sencillo ver nuestras emociones y tendencias con perspectiva cuando cada nuevo día se presenta como otra montaña más que hemos de coronar. Si tiene un diario, podrá anotar las situaciones que han desencadenado en usted emociones fuertes y su respuesta a ellas.

Puede escribir sobre las emociones que siente en el trabajo y en casa, todo cuenta. Al cabo de un mes, empezará a detectar patrones en sus emociones y a desarrollar un mejor conocimiento de sus tendencias. Se hará una idea mucho más aproximada de las emociones que le desaniman, las que le animan y las que le resultan más difíciles de tolerar. Preste mucha atención a las personas y las situaciones que le sacan de sus casillas, y que desencadenan emociones intensas. Describa las emociones que siente cada día, y no se olvide de anotar las sensaciones físicas que acompañan a esas emociones.

Si pone sus emociones por escrito, ello le ayudará a verse con más claridad y le resultará mucho más fácil recordar sus tendencias; además, el diario le servirá como una magnífica guía a medida que vaya conociéndose mejor.

8. No se deje llevar por un momento de desánimo

En alguna ocasión, todos sucumbimos a esos momentos de desaliento en los que parece que nada nos sale bien. Cuando nos sentimos así, nuestro bajo estado de ánimo ensombrece todos nuestros pensamientos, sentimientos y experiencias. Lo malo del cerebro es que, cuando se impone el desánimo, nos hace perder de vista todo lo bueno que tenemos, y de repente odiamos el trabajo, nos sentimos frustrados con la familia y los amigos, estamos insatisfechos con nuestros éxitos, y nuestro optimismo en relación al futuro se esfuma. En el fondo, sabemos que las cosas no son tan malas como parecen, pero nuestro cerebro no quiere oírlo.

Parte del autoconocimiento es ser conscientes de cada situación por la que estamos pasando aunque no podamos cambiarla. Es muy importante reconocer que el desánimo está ensombreciéndolo todo y recordar que los estados de ánimo no son permanentes. Las emociones cambian constantemente, y el desaliento pasará, si se lo permitimos.

Cuando esté en un momento bajo, no conviene que tome decisiones importantes.

Tiene que ser consciente de su estado de ánimo y entenderlo si quiere impedir que le lleve a cometer errores que no harán sino hundirle todavía más. Pensar en las situaciones recientes que pueden haberle provocado ese desánimo no solo es conveniente sino también una magnífica idea —siempre y cuando no se devane los sesos sobre ellos demasiado tiempo—, porque normalmente es lo que hay que hacer para superarlo.

9. No se deje llevar, tampoco, por un momento de euforia

Los estados de ánimo bajos y las emociones negativas no son los únicos que causan problemas. La euforia puede confundir tanto como el desánimo. Cuando nos sentimos muy excitados y felices, es fácil que hagamos algo de lo que luego tengamos que arrepentirnos.

Consideremos la siguiente situación: en su tienda favorita todo está rebajado al 75 por ciento. Va corriendo a la tienda y compra todo tipo de cosas que siempre había querido tener pero nunca se había podido permitir (al menos no todas de golpe). La emoción y la euforia de sus compras se prolongan durante toda la semana; enseña sus compras a sus familiares y amigos, y les explica los irrisorios precios que ha pagado por ellas. Cuando a final de mes recibe el extracto de su tarjeta de crédito, ya es otra historia.

El gasto desenfrenado no es el único error que puede cometerse en un momento de euforia. La excitación y la energía que se sienten en un momento de euforia hacen que todo se vea de color de rosa.

Esto lleva a tomar decisiones impulsivas sin tener en cuenta las posibles consecuencias. Para sentirse bien y no tener que arrepentirse de nada, debe estar muy atento a los momentos de euforia y a las decisiones descabelladas que puede tomar.

10. Párese a pensar por qué hace las cosas que hace

Las emociones aparecen cuando quieren, no cuando queremos que aparezcan. Su autonocimiento aumentará considerablemente cuando empiece a buscar el origen de sus sentimientos. Acostúmbrese a pararse a pensar, de vez en cuando, por qué de repente afloran emociones sorprendentes y qué le ha impulsado a hacer algo que se sale de lo normal. Las emociones sirven para algo muy importante: nos dan una pista de las cosas que nunca entenderemos si no nos tomamos el tiempo necesario para preguntarnos por qué.

Es fácil, pero cuando nos sumergimos en la rutina diaria, las jornadas pueden pasar volando sin dejarnos apenas tiempo para pensar por qué hacemos lo que hacemos. Con un poco de práctica, podrá averiguar la causa de sus emociones y entender su finalidad. Lo sorprendente de esta estrategia es que el mero hecho de prestar atención a las emociones y hacerse buenas preguntas como estas puede ser suficiente para mejorar. ¿Recuerda la primera vez que reaccionó así y con quién?

¿Hay alguna similitud entre ese momento y el actual? ¿Se trata de una reacción que le provoca todo el mundo, o solo la desencadenaron determinadas personas? Cuanto más y mejor entienda por qué hace las cosas que hace, mejor preparado estará para impedir el desbordamiento de sus emociones.

11. Revise sus valores

Siempre nos traemos muchas cosas entre manos. En el trabajo tenemos proyectos en marcha, reuniones interminables, facturas que pagar, obligaciones, correo, llamadas, mensajes de texto, tareas y comidas, y además está el tiempo que tenemos que pasar con la familia y los amigos... y la lista continúa. Hemos de dedicar mucha atención a todas esas cosas, para que no se nos vayan de las manos.

Para mantener un equilibrio entre todas ellas, solemos concentrar nuestra atención en el exterior, en lugar de en nuestro interior y en nosotros mismos. Si estamos pendientes de revisar la lista de «cosas que hacer» de cada día, es muy fácil que perdamos de vista lo que es realmente importante para nosotros; es decir, nuestros valores y creencias fundamentales. Antes de darnos cuenta, estamos haciendo y diciendo cosas que no nos hacen sentir bien interiormente o en las que no creemos. Esto puede significar, por ejemplo, que de repente se sorprenda usted gritando a un compañero de trabajo que ha cometido un error, cuando desaprueba ese proceder. Si gritar a sus compañeros va en contra de los valores que sustentan su vida, sorprenderse (o que le sorprendan) en esa situación hará que se sienta incómodo e incluso insatisfecho.

El truco es tomarse el tiempo necesario para reflexionar y descubrir sus ideas y valores fundamentales. Tiene que preguntarse cuáles son los principios que quiere que rijan su vida. Anótelos en un papel, separados y en columnas. En la columna de la izquierda, anote los valores e ideas más importantes, y en la de la derecha, todo aquello que haya dicho o hecho recientemente de lo que no se sienta orgulloso. ¿Hay una correspondencia entre sus valores y su forma de conducirse? Si no la hay, considere alternativas a su conducta que le habrían hecho sentirse orgulloso de sí mismo, o al menos más cómodo.

Si repite este ejercicio diaria o mensualmente dará un gran impulso a su autoconocimiento. En poco tiempo, se sorprenderá pensando en la lista antes de actuar, de modo que creará el marco idóneo para tomar decisiones con las que se sienta a gusto.

12. Revise su aspecto

El autoconocimiento suele ser un proceso interno, pero en ocasiones el entorno exterior nos ofrece las pistas que necesitamos para comprender lo que está ocurriendo en nuestro interior. Indudablemente, el estado de ánimo se refleja en el aspecto físico. La expresión facial, la postura, el comportamiento, la forma de vestir e incluso el peinado dicen cosas importantes sobre nuestro estado de ánimo.

La apariencia física es todavía más directa, ya que la ropa que llevamos envía un mensaje claro de cómo nos sentimos. Por ejemplo, si siempre vamos con pantalones de chándal viejos, camisetas andrajosas y despeinados, estamos diciéndole al mundo que somos unos perdedores, mientras que si nos vestimos con demasiada elegancia para cualquier ocasión y no nos perdemos nuestra cita semanal con el peluquero, estamos lanzando el mensaje de que intentamos quedar muy bien. El comportamiento también dice mucho del estado de ánimo, pero por lo general el mensaje suele malinterpretarse. Si cuando nos presentan a alguien no estamos seguros de la impresión que le vamos a causar, como le ocurre a mucha gente, podemos tender a mostrarnos un poco esquivos y un tanto distantes, o, por el contrario, mostrarnos demasiado entusiastas.

En situaciones de este tipo, es muy importante ser consciente del estado de ánimo y de cómo influye en nuestra forma de actuar y de comportarnos. La imagen que proyecta de sí mismo, ¿la ha elegido usted, la ha motivado su estado de ánimo o suele adoptarla por defecto? Sin lugar a dudas aquello que proyectamos refleja cómo nos sentimos, y de nosotros depende ser conscientes de ello. Detenernos unos minutos, de vez en cuando, a echarnos un vistazo nos permitirá saber cuál es nuestro estado de ánimo, antes de que pueda condicionarnos el resto del día.

13. Identifique sus emociones en los libros, las películas y la música

Si le resulta difícil mirar en su interior para identificar sus patrones y tendencias emocionales, puede obtener la misma información en el exterior, esto es, en las películas, la música y los libros con los que quizá se sienta identificado. Cuando nos sentimos identificados con la letra o el tono de una canción, o cuando no podemos dejar de pensar en el personaje de una película o de un libro, sin duda es porque algunos aspectos importantes de sus pensamientos y sentimientos tienen muchos paralelismos con los nuestros. Un análisis más profundo de esos momentos puede decir mucho de nosotros. Además puede ser una magnífica herramienta para explicar nuestros sentimientos a los demás.

Identificar nuestras emociones en las expresiones de los artistas nos ayuda a conocernos y a descubrir sentimientos que suelen ser difíciles de comunicar. Algunas veces simplemente no podemos encontrar las palabras para expresar lo que sentimos hasta que se hacen evidentes.

Escuchar música, leer, ver películas e incluso contemplar obras de arte puede abrir las puertas a las emociones más profundas. La próxima vez que uno de estos medios le llame la atención, analícelo detenidamente; nunca se sabe lo que se puede encontrar.

14. Pida feedback

Todo lo que vemos —incluidos nosotros mismos— tiene que atravesar nuestras propias lentes. El problema es que nuestras lentes están tintadas por nuestras experiencias e ideas y, evidentemente, por nuestros estados de ánimo. Esas lentes impiden que podamos obtener una imagen de nosotros realmente objetiva. Muchas veces hay una gran diferencia entre cómo nos vemos nosotros y cómo nos ven los demás. Esa brecha entre la imagen que tenemos de nosotros y la que tienen los demás es una fuente de información muy valiosa que nos permitirá aumentar nuestro autoconocimiento.

El autoconocimiento es el proceso de llegar a conocerse por dentro y por fuera. La única manera de conseguir la segunda perspectiva, que no es tarea fácil, es abrirnos al feedback de los demás, entre los que cabe incluir a nuestros amigos, compañeros de trabajo, mentores, supervisores y familiares. Cuando les pida su opinión, asegúrese de que le detallen ejemplos y situaciones específicas, y a medida que vaya obteniendo las distintas opiniones, busque similitudes en la información.

La opinión de los que nos rodean puede ser muy útil para abrirnos los ojos y mostrarnos cómo nos ven los demás. Reunir y contrastar las distintas opiniones le ayudará a hacerse una idea de la situación, a conocer en qué modo sus emociones y reacciones afectan a los demás. Si es capaz de reunir el valor necesario para averiguar lo que ven los demás, alcanzará un nivel de autoconocimiento que muy pocos son capaces de conseguir.

15. Sepa cómo reacciona en situaciones de estrés

La montaña de situaciones estresantes con las que nos encontramos en la vida no deja de crecer. Cada vez que aumenta nuestro nivel de tolerancia al estrés, nos presionamos —o quienes están a nuestro alrededor nos presionan— para adaptarnos a él. La gran cantidad de gadgets electrónicos que están a nuestra disposición tampoco ayudan. En todo caso, hacen que vayamos todavía más acelerados. Si es como la mayoría, seguro que ya reconoce algunas de las señales de alarma que se disparan cuando el estrés le acecha. La pregunta es: ¿les hace caso?

Le resultaría tremendamente beneficioso aprender a reconocer las primeras señales de estrés. La mente y el cuerpo humano —al menos por lo que hace referencia al estrés— tienen su propia voz. A través de reacciones emocionales y fisiológicas nos dicen cuándo tenemos que frenar y tomarnos un respiro. Por ejemplo, el estómago revuelto puede ser una señal de que el nerviosismo y la ansiedad están siendo insoportables para nuestro cuerpo. La indigestión y la fatiga que siguen son la excusa que utiliza el organismo para tomarse un tiempo para descansar. Puede que un nivel de estrés y de ansiedad intenso le produzca problemas de estómago, mientras que para otras personas, las señales físicas serán una migraña, úlceras bucales o dolor de espalda.

Deberíamos prestar atención a las reacciones que tenemos en situaciones de estrés, como un tercer oído que escuchara los gritos de socorro de nuestro organismo. El cuerpo se queja cuando lo presionamos demasiado. Tómese el tiempo necesario para reconocer esas señales y para recargar su batería emocional antes de que el estrés cause a su sistema un daño permanente.

Capítulo 6

Estrategias de autogestión

La autogestión es la capacidad de utilizar el conocimiento de nuestras emociones para elegir activamente lo que decimos y hacemos. Podría pensarse que la autogestión consiste tan solo en inspirar profundamente y mantener la compostura cuando las emociones se desbordan, y si bien es cierto que el autocontrol en este tipo de situaciones es fundamental, la autogestión supone mucho más que controlarse cuando se está a punto de explotar. Nuestros estallidos no son muy distintos a los de un volcán: bajo la superficie se producen todo tipo de ruidos y movimientos antes que la lava empiece a fluir.

A diferencia de un volcán, sin embargo, hay pequeñas cosas que podemos hacer para influir en lo que está pasando bajo la superficie. Simplemente tenemos que aprender a detectar las señales y responder a ellas. La autogestión está basada en una capacidad fundamental: el autoconocimiento.

Una autogestión efectiva requiere un buen nivel de autoconocimiento porque solo podemos decidir cómo responderemos activamente a una emoción si somos conscientes de ella. Puesto que estamos hechos para experimentar emociones antes de que podamos responder a ellas, lo más acertado es aprender a reconocerlas previamente. Si usted tiene un alto nivel de autogestión, no se pondrá obstáculos en su camino ni hará cosas que puedan limitar su éxito. Además no frustrará a otras personas hasta el punto de ofenderlas o provocar su antipatía. Si conoce sus propias emociones y puede responder a ellas del modo que usted elija, tiene el poder de controlar situaciones difíciles, reaccionar con presteza al cambio y tomar la iniciativa necesaria para cumplir sus objetivos.

Cuando desarrollamos la habilidad de reaccionar rápidamente y recuperar las riendas antes de avanzar en la dirección equivocada, podemos ser mucho más flexibles y elegir positiva y productivamente cómo hemos de reaccionar ante las distintas situaciones. Si no se para a pensar en sus sentimientos y emociones, y también cómo están influyendo en su comportamiento en el presente y lo harán en el futuro, tiene muchas más probabilidades de ser víctima de arrebatos emocionales frecuentes. De manera consciente o inconsciente, sus emociones acabarán controlándose, y avanzará reaccionando a sus sentimientos sin poder elegir qué decir y hacer.

El resto de este capítulo presenta 17 estrategias concretas —medidas que puede empezar a tomar hoy mismo— que le ayudarán a gestionar sus emociones en su beneficio. Cada una de esas estrategias está orientada a un elemento importante de la habilidad de autogestión, y todas ellas se han diseñados cuidadosamente tras varios años de estudio y constituyen un método probado que le permitirá mejorar su capacidad de autogestión.

A medida que vaya dominando cada una de las estrategias y que las vaya incorporando a su rutina diaria, irá aumentando su capacidad para responder a sus emociones. Obviamente, por mucho que mejore su capacidad para gestionar las emociones, siempre habrá situaciones y personas que le sacarán de sus casillas. Su vida no se convertirá en un idílico camino desprovisto de obstáculos, pero podrá equiparse con todo lo necesario para tomar las riendas y avanzar por él.

ESTRATEGIAS DE AUTOGESTIÓN

1. Respire correctamente.

2. Confeccione una lista de emociones y otra de razonamientos.

3. Haga públicos sus objetivos.

4. Cuente hasta diez.

5. Consulte con la almohada.

6. Hable con un autogestor experimentado.

7. Sonría y ría más.

8. Resérvese un hueco en la agenda para resolver problemas.

9. Controle su diálogo interior.

10. Visualícese haciendo las cosas bien.

11. Tenga una adecuada higiene del sueño.

12. Concentre la atención en las posibilidades, no en las limitaciones.

13. Sea coherente.

14. Hable con alguien que no esté emocionalmente involucrado en el problema.

15. Aprenda una lección valiosa de todas las personas que conozca.

16. Incluya en su agenda momentos para cargar las pilas.

17. Acepte que el cambio está a la vuelta de la esquina.

1. Respire correctamente

Usted, como la mayoría de las personas, probablemente durante el día hace inspiraciones cortas y poco profundas que no contraen totalmente su diafragma para llenar los pulmones, y quizá ni siquiera sea consciente de ello. ¿Qué se lo impide? No es que sufra de una falta de oxígeno… o al menos eso es lo que piensa.

Los pulmones están hechos para proporcionar exactamente la cantidad de aire que el cuerpo necesita a fin de que todos los órganos funcionen correctamente. Cuando las inspiraciones son cortas y poco profundas —que son aquellas que no hacen que el abdomen se hinche como consecuencia de la entrada de aire—, no están dando al cuerpo todo el oxígeno que necesita.

El cerebro precisa un 20 por ciento del oxígeno del cuerpo para controlar las funciones básicas, como la respiración y la vista, y las funciones complejas, como el pensamiento y la gestión de las emociones. En primer lugar, el cerebro dedica el oxígeno a las funciones básicas, porque son las que nos mantienen vivos. El oxígeno restante se utiliza para las funciones complejas, que nos mantienen alerta, concentrados y tranquilos.

La respiración superficial priva al cerebro de oxígeno, lo cual puede provocar problemas de concentración, pérdidas de memoria o despistes, cambios de humor, inquietud, ansiedad y depresión, así como falta de energía. La respiración superficial merma la capacidad de autogestión.

La próxima vez que se encuentre en una situación estresante o que exacerbe sus emociones, concéntrese en respirar profundamente, en inspirar por la nariz hasta que pueda sentir que se le hincha y se le tensa el abdomen, y en espirar lentamente por la boca hasta que consiga expulsar todo el aire y vaciar totalmente los pulmones. Si quiere asegurarse de respirar correctamente, cuando coja aire póngase una mano sobre el esternón (el hueso largo y plano localizado en el centro del pecho) y la otra sobre el abdomen. Si cuando expulse el aire la mano que está sobre el abdomen se mueve más que la mano que está sobre el esternón, entonces es que está recibiendo suficiente oxígeno y que está llenando por completo los pulmones. Si practica esta técnica de respiración repetidamente, llegará a aplicarla con comodidad en presencia de otras personas sin que se den cuenta, y le resultará de gran utilidad cuando se encuentre inmerso en una conversación difícil.

Siempre que se concentre en respirar bien y llenar el cerebro de oxígeno, podrá comprobar los efectos inmediatamente. Mucha gente dice que experimenta la sensación de entrar en un estado más tranquilo, más relajado, en el que tiene la mente más lúcida. De este modo, respirar correctamente se convierte en una de las técnicas más sencillas y más poderosas para gestionar las emociones. Además es una herramienta magnífica para desviar la atención de pensamientos desagradables o incómodos que son difíciles de evitar. Cuando esté desbordado por la ansiedad y el estrés que le produce el vencimiento de un plazo que tiene que cumplir, o esté obsesionado por pensamientos y sentimientos negativos por algo que ocurrió en el pasado, respirar correctamente le tranquilizará y hará que se sienta mejor activando su cerebro racional.

2. Confeccione una lista de emociones y otra de razonamientos

Puede que no siempre seamos conscientes, pero muchas veces dejamos que las emociones nos empujen en una dirección mientras que la mente racional nos está tirando de la camisa para que vayamos en la otra. Si ve que su mente está librando una batalla entre el cerebro emocional y el cerebro racional, haga una lista y anote las vertientes emocional y racional del asunto. Esta lista le permitirá aclarar la mente, utilizar sus conocimientos y tener en cuenta la importancia de sus emociones sin dejar que tomen el control.

Crear una lista de emociones y otra de razonamientos es fácil. Trace en una hoja una línea central para hacer dos columnas. En la columna de la izquierda escriba lo que sus emociones le dicen que haga, y en la columna de la derecha, lo que su razón le dice que haga. A continuación, tiene que plantearse dos preguntas importantes: ¿en qué momento las emociones ofuscan su criterio? y ¿en qué momento la razón está ignorando pistas importantes de sus emociones? Las emociones le causarán problemas si se deja guiar por ellas sin ningún tipo de razón, pero sus pensamientos racionales pueden ser igual de problemáticos si trata de comportarse como un robot sin ningún tipo de sentimientos.

Los sentimientos están ahí, los reconozca o no, y la lista de las emociones y los razonamientos le obligará a tomar conciencia de ellos poniéndolos sobre el papel.

Por lo tanto, la próxima vez que se vea desbordado por una situación difícil o estresante, coja un papel y concédase unos minutos de tranquilidad para organizar sus pensamientos y hacer su lista. Con la lista delante, le resultará mucho más fácil ver si debería dejar que el lado emocional de su pensamiento primase en su decisión o bien que se impusiera el lado racional.

3. Haga públicos sus objetivos

Cumplir nuestros propósitos no siempre es fácil, sobre todo porque tenemos momentos de debilidad. Algunas veces, las mayores decepciones son de carácter privado, como cuando no conseguimos cumplir un objetivo o hacer lo que queríamos. No hay mayor estímulo para el cumplimiento de nuestros objetivos que hacerlos públicos. Si decimos claramente lo que nos hemos propuesto conseguir —ya sea a la familia, los amigos o la pareja—, el conocimiento por parte de los demás de nuestro progreso nos crea una increíble sensación de responsabilidad.

Una parte muy importante de la autogestión depende de la motivación, y podemos utilizar las expectativas que los demás tienen de nosotros como fuerza motivadora para pasar a la acción. Cuando hay otras personas involucradas —por ejemplo, si su jefe le asigna un proyecto o si cada mañana se encuentra con sus compañeros de footing a las cinco en punto— las probabilidades de cumplir los objetivos propuestos aumentan considerablemente.

Es muy importante elegir a aquellas personas que sepamos que realmente van a prestar atención a nuestro progreso. Cuando comparta sus objetivos con alguien, pídale que controle su progreso y que le haga responsable del mismo. Puede incluso darle permiso para castigarle o premiarle, como un profesor de la universidad que conocemos que paga a sus colegas cien dólares cada vez que no cumple el plazo de entrega de un artículo de investigación. Como puede imaginarse, ¡raramente incumple un plazo!

4. Cuente hasta diez

Puede dar las gracias a su profesora del parvulario por este consejo. Fue entonces cuando, sentado en la alfombra de la clase con las piernas cruzadas, aprendió una de las estrategias más efectivas para tranquilizarse si sus emociones se desbordaban. La edad adulta tiene una forma curiosa de hacernos olvidar algunas estrategias de autocontrol simples pero profundas.

Esto es todo lo que tiene que hacer: cuando se sienta frustrado o enfadado, deténgase un momento, inspire profundamente y al espirar, diga el número uno. Siga respirando y contando hasta que llegue al número diez. El proceso de contar y respirar le relajará y evitará que pase a la acción hasta que haya recuperado la compostura y tenga una perspectiva más clara y más racional de la situación.

Puede que algunas veces no llegue hasta diez. Por ejemplo, puede que esté en una reunión y que de repente alguien le interrumpa para decir una estupidez que le fastidia tremendamente. Le resultará muy difícil quedarse sentado, en silencio, respirando y contando hasta diez.

Aunque no consiga llegar hasta diez, al menos habrá logrado detener el flujo de frustración y rabia lo suficiente para enfriar su excesivamente caliente sistema límbico y dar al cerebro racional un tiempo muy valioso para recuperarse.

Cuando tenga que contar de una forma más sutil, hay miles de opciones magníficas de hacerlo sin que nadie se dé cuenta. Algunas personas siempre van con una bebida a las reuniones. De este modo, cuando creen que van a soltar una frase excesivamente emocional, dan un sorbo a su bebida. Nadie espera que hablen cuando están bebiendo. Así que tienen el tiempo que necesitan para tranquilizarse (y contar si es preciso), poner en orden sus pensamientos y elaborar un discurso más constructivo.

Reaccionar rápidamente y sin pensar demasiado, echa leña al fuego que arde en el cerebro emocional.

Teniendo en cuenta que una respuesta rápida suele llevar a un intercambio acalorado en el que todo el mundo tira dardos envenenados, es fácil acabar inmerso en un tremendo estallido emocional. Si es capaz de tranquilizarse y de concentrarse en contar hasta diez, entrará en juego su cerebro racional. Podrá recuperar el control de sí mismo y evitar que sus emociones lleven la batuta.

5. Consulte con la almohada

En *Guerra y paz,* Lev Tolstói escribió que los dos contendientes más fuertes eran el tiempo y la paciencia. El poder de estos contendientes se debe a su habilidad para transformar situaciones, aliviar el dolor y aportar claridad. Algunas veces las situaciones que requieren paciencia pueden resultar tan incómodas y decepcionantes, y provocar tanta ansiedad, que pasamos a la acción simplemente para aliviar la agitación interna. Pero por lo general puede que baste con concederse un día, una semana o un mes de plazo para asimilar la situación antes de seguir adelante. Y a veces, en ese tiempo, salen a la superficie cosas que hacen que nuestra decisión resulte mucho más fácil de tomar.

El tiempo juega a favor de la autogestión porque aporta claridad y perspectiva a los miles de pensamientos que nos rondan la cabeza cuando algo es importante. El tiempo también nos ayuda a controlar las emociones que sabemos que nos llevarían en la dirección equivocada si nos dejáramos guiar por ellas. Es así de sencillo. Lo único que hay que hacer es obligarse a esperar a que las cosas se calmen antes de actuar.

6. Hable con un autogestor experimentado

Los modelos de conducta se presentan en todo tipo de formas y tamaños e influyen en nuestra vida de modos que son difíciles de predecir. Una de las mejores maneras de aprender a autogestionarse es buscar autogestores experimentados de los que puedan aprenderse trucos efectivos.

En la inteligencia emocional, las debilidades emocionales suelen ser el producto de habilidades para las que no estamos dotados. Los que están dotados para una habilidad de inteligencia emocional, sin embargo, suelen ser muy conscientes de lo que hacen bien, de modo que resulta muy fácil aprender de ellos.

Para empezar, tiene que buscar a alguien que considere que es un autogestor experto. Si cree que no puede identificar a un autogestor experimentado, siempre puede hacer que alguien haga el test incluido en este libro. Invite a comer o a tomar un café a su genio de la autogestión, explíquele que está intentando mejorar en una habilidad concreta y pídale que se lea el capítulo sobre la autogestión de este libro antes de la reunión.

En la reunión, comparta sus objetivos de autogestión específicos y pregúntele qué tácticas suele utilizar para autogestionarse tan bien. Asegúrese de compartir con él las emociones y situaciones que le resultan más difíciles. Seguro que aprenderá algunas técnicas únicas y efectivas para gestionarse a las que de otra forma no se habría visto expuesto. Antes de finalizar la reunión, tome nota de los mejores consejos y elija dos que pueda empezar a poner en práctica inmediatamente. Pregúntele a su genio de la autogestión si pueden volver a verse una vez que usted haya tenido la oportunidad de poner en práctica sus sugerencias.

7. Sonría y ría más

¿Sabía que cuando reímos y sonreímos, nuestro rostro envía al cerebro señales de que está contento? El cerebro responde literalmente a los nervios y músculos de su rostro para determinar su estado emocional. ¿Qué tiene esto que ver con la autogestión? Cuando estamos atrapados en un pensamiento frustrante o inquietante, si nos obligamos a sonreír, contrarrestamos el estado emocional negativo en el que estamos inmersos. Si trabaja de cara al público o si a veces tiene que fingir que está contento y animado cuando en realidad no es así, si fuerza una sonrisa amplia y sincera, de oreja a oreja, engañará a su mente para que tenga el estado de ánimo que necesita en ese momento.

Investigadores de una universidad de Francia midieron el poder de la sonrisa haciendo que dos grupos de sujetos leyeran la misma página de chistes del periódico. Uno de los grupos tenía que sujetar un lápiz entre los dientes mientras leía (lo cual activa los músculos que se utilizan para sonreír), mientras que el otro grupo tenía que sujetar el lápiz con los labios (lo cual no activa los músculos que se utilizan para sonreír). El grupo de los que «sonreían», sin proponérselo encontró los chistes mucho más divertidos y se lo pasó mucho mejor que el grupo que no sonreía.

También puede utilizar la sonrisa y la risa para animarse viendo un programa o leyendo un libro que sabe que encuentra divertido. Puede que cuando esté desanimado le parezca una opción extraña, pero es una estrategia magnífica para superar las emociones negativas y aclarar la mente, en especial si el desánimo lo ofusca. Reírse y sonreír no eliminarán el desánimo, y no han de hacerlo —todos los estados de ánimo tienen su objetivo—, pero es bueno saber que si hay que mostrarse alegre y sonriente, puede conseguirse.

8. Resérvese un hueco en la agenda para resolver problemas

Cada día experimentamos cientos de emociones, de muchas de las cuales ni siquiera somos conscientes. Nos pasamos el día yendo de un sentimiento a otro, lo cual puede llevarnos a tomar decisiones en momentos inoportunos.

Piense en algunas de sus decisiones recientes. Seguramente comprobará que algunas de las que tomó deprisa y corriendo no han sido tan efectivas como las que tomó con cierta planificación y con la mente clara. La única forma de asegurarse el espacio adecuado para tomar buenas decisiones es reservarse un hueco en la agenda para resolver problemas. No tiene que ser mucho. Un período de quince minutos al día sin teléfono ni ordenador dedicado exclusivamente a pensar es magnífico para garantizar que las decisiones no se vean empañadas por las emociones.

9. Controle su diálogo interior

La investigación sugiere que, en términos generales, tenemos unos cincuenta mil pensamientos al día. Parece mucho, ¿no? Pero eso no es todo. Cada vez que se produce uno de esos cincuenta mil pensamientos, el cerebro segrega unas sustancias químicas que desencadenan reacciones que se sienten por todo el cuerpo. Hay una relación muy estrecha entre lo que pensamos y lo que sentimos, tanto física como emocionalmente. Como siempre estamos pensando (es casi como respirar), tendemos a olvidarnos de que lo estamos haciendo. Ni siquiera somos conscientes de lo mucho que nuestros pensamientos influyen en nuestro estado cada hora de cada día.

Es imposible registrar todos los pensamientos que tenemos para ver si están teniendo un impacto positivo o negativo en nuestro estado emocional. Los pensamientos que más influyen son aquellos que nos llevan a hablar, literalmente, con nosotros mismos. Aunque tal vez no seamos conscientes, lo cierto es que todos tenemos una voz interior que condiciona nuestra percepción de las cosas. Nos decimos que estemos tranquilos, nos felicitamos por un trabajo bien hecho y nos reprendemos por tomar malas decisiones.

Nuestros pensamientos nos «hablan» cada día, y esa voz interior se denomina «diálogo interno».

Con los pensamientos, el principal vehículo para regular el flujo emocional, lo que nos permitimos pensar puede hacer que las emociones afloren, que se acumulen y se mantengan soterradas y, así, intensificar y prolongar cualquier experiencia emocional. Cuando nos da un arrebato, nuestros pensamientos exacerban o aplacan nuestro estado. Si aprendemos a controlar nuestro diálogo interno, podremos concentrarnos en las cosas adecuadas y gestionar nuestras emociones de un modo eficaz.

Muchas veces, nuestro diálogo interior es positivo y nos ayuda durante todo el día («Más vale que me prepare para la reunión» o «Estoy deseando salir a cenar esta noche»). Sin embargo, cuando el diálogo interior es negativo, afecta a la capacidad de autogestión. El diálogo interno negativo es poco realista y contraproducente. Puede hacernos caer en una espiral emocional descendente que nos dificultará conseguir lo que queremos en la vida.

Estos son los tipos de diálogo interior negativo más comunes, y las claves para controlarlos y darles la vuelta:

1. **Transformar «yo siempre» o «yo nunca» en «solo esta vez» o «algunas veces».** Por mucho que piense que ha metido la pata, sus acciones son únicas para la situación que tiene delante. Asegúrese de que sus pensamientos hagan lo mismo. Cuando empiece a tratar cada situación como única y deje de reprenderse por cada error que cometa, dejará de hacer sus problemas más grandes de lo que son en realidad.

2. **Sustituir las afirmaciones críticas como por ejemplo «soy un idiota» por afirmaciones objetivas como por ejemplo «he cometido un error».** Los pensamientos que asignan una etiqueta permanente no dejan espacio para mejorar. Las

afirmaciones objetivas, que se aplican a una circunstancia
determinada le ayudarán a concentrarse en lo que puede
cambiar.

3. **Aceptar la responsabilidad de sus actos y la de nadie más.**
El diálogo interno negativo y echarse la culpa de todo van
muy ligados. Si es de los que cree que siempre tiene la culpa
o que la tienen los demás, debe saber que normalmente se
equivoca. Es encomiable que acepte la responsabilidad de
sus actos, pero no asuma la de los demás. Del mismo modo,
si es de los que siempre está echando la culpa a quienes le
rodean, ha llegado el momento de que empiece a asumir su
parte de responsabilidad.

10. Visualícese haciendo las cosas bien

Esta es otra estrategia que, aunque pueda parecer demasiado
simple para ser efectiva, tiene mucha fuerza. Aprender a autogestionarse bien requiere práctica. No obstante, muchas de las
situaciones más difíciles no se presentan muy a menudo. Por lo
tanto, le resultará complicado trazarse los caminos neuronales
necesarios para transformar sus nuevas aptitudes en hábitos…
a menos que aprenda a visualizar.

Al cerebro le cuesta distinguir lo que ve con los ojos y lo que
visualiza en la mente. De hecho, el escáner del cerebro de una
persona que está contemplando una puesta de sol es prácticamente idéntico al escáner realizado a esa misma persona cuando
está visualizando la puesta de sol mentalmente. En ambos casos,
se activan las mismas áreas del cerebro.

Visualizarse gestionando bien las emociones y el comportamiento es una magnífica herramienta para practicar las nuevas
habilidades adquiridas y convertirlas en hábitos. Para que fun-

cione, tendrá que hacerlo en una habitación donde nada pueda distraerle, ya que tendrá que abstraerse y concentrarse en sus pensamientos.

Cierre los ojos y visualícese en las situaciones en las que le resulte más difícil manejarse. Concéntrese en los detalles de cada ocasión que hacen que le resulte difícil mantener el control; concéntrese en las imágenes y los sonidos que experimentaría si estuviera realmente allí hasta que sienta, literalmente, las mismas emociones. A continuación, imagínese actuando como le gustaría (por ejemplo, tranquilizándose y procediendo con seguridad durante una importante presentación, hablando con alguien que le saca de sus casillas sin perder la compostura, etcétera). Imagínese haciendo y diciendo las cosas adecuadas, y dándose permiso para sentir la satisfacción y las emociones positivas generadas por la situación. No está nada mal acabar así la jornada, ¿no le parece? Practique esta estrategia cada noche y vaya incorporando acontecimientos nuevos, difíciles, a medida que se vayan presentando.

11. Tenga una adecuada higiene del sueño

La autogestión requiere paciencia, flexibilidad y lucidez, que es lo primero que se pierde cuando no se ha dormido lo suficiente. Probablemente, si duerme mejor, se manejará mejor, pero no necesariamente. Lo más importante para tener una mente lúcida, concentrada y equilibrada es tener una buena calidad del sueño, y para tener una buena calidad del sueño hay que tener una buena higiene del sueño.

Cuando dormimos, el cerebro se recarga, literalmente, revisando los recuerdos del día y almacenándolos o descartándolos (lo cual causa los sueños), para que nos despertemos lúcidos y con la mente despejada. El cerebro es muy voluble cuando se trata de dormir. Tiene que pasar por una serie de ciclos elaborada para que usted pueda despertarse sintiéndose descansado. Puede contribuir al buen desarrollo de este proceso y mejorar la calidad de su sueño siguiendo estas pautas que le ayudarán a tener una buena higiene del sueño:

1. **Cada mañana, expóngase veinte minutos a la luz del sol.** Los ojos necesitan al menos veinte minutos de luz solar (anterior a la del mediodía) para reajustar su reloj interno y hacer que por la noche le resulte más fácil dormirse. La luz no puede filtrarse ni a través de las ventanas ni a través de las gafas de sol. Así que quíteselas y baje la ventanilla del coche de camino al trabajo o procure pasear un rato al aire libre antes de comer.

2. **Desconecte el ordenador al menos dos horas antes de acostarse.** Tener la luz de la pantalla del ordenador delante por la noche produce un efecto parecido a la luz solar que confunde al cerebro, haciendo que resulte difícil conciliar el sueño y mermando la calidad del mismo.

3. **Reserve la cama para dormir.** Lo mejor para que caiga dormido en cuanto se tumbe en la cama es que evite trabajar o ver la televisión en ella. Reserve la cama para dormir y su cuerpo responderá.

4. **Evite la cafeína, especialmente por la tarde.** La duración del efecto de la cafeína es de unas seis horas. Si se toma un café a las ocho de la mañana, a las ocho de la tarde todavía tendrá un 25 por ciento de la cafeína ingerida en el cuerpo. La cafeína dificulta el sueño y además es extremadamente perjudicial para su calidad. Es mejor evitarla, o al menos tomarla en pequeñas dosis y solo antes del mediodía.

12. Concentre la atención en las posibilidades, no en las limitaciones.

«La vida es injusta... No hay nada que puedas hacer... No depende de ti.» Los padres tienden a grabar estos mantras en la cabeza de sus hijos como si hubiera una especie de manual de cómo ser papás que les impulsara a hacerlo. Lo que los padres se olvidan de decir, sin embargo, es que siempre podemos elegir, pues nosotros decidimos cómo vamos a responder a las situaciones a las que nos enfrentamos. Incluso cuando no podemos hacer o decir nada para cambiar una situación difícil, siempre cabe la posibilidad de dar nuestra opinión sobre lo que está pasando, lo cual, en último término, influye en nuestros sentimientos al respecto.

Muchas veces no será posible cambiar una situación, pero eso no significa que tenga que rendirse. Cuando crea que no puede controlar la situación, analice con detenimiento cómo está reaccionando a ella. Concentrarse en las limitaciones no solo es desmoralizador sino que contribuye a que los sentimientos negativos salgan a la superficie y que se confirme la sensación de impotencia. Hay que hacerse responsable de aquello que se puede controlar, y concentrar la energía en mantenerse flexible y con la mente abierta, a pesar de la situación.

13. Sea coherente

Los agentes del FBI dedican gran parte de su tiempo a analizar si los sospechosos mienten. Estudian el lenguaje corporal, las inflexiones de la voz y el contacto visual. La señal más significativa de que una persona está mintiendo es la falta de sincronía; esto es, cuando el lenguaje corporal no se corresponde con las emociones expresadas.

La sincronía también es una herramienta muy importante para los autogestores efectivos. Cuando somos capaces de gestionar bien las emociones, nuestro lenguaje corporal está en sintonía con el tono emocional de la situación. La falta de control sobre el lenguaje corporal es una señal muy clara de que las emociones nos están superando.

Cuando en el año 2009 un avión comercial hizo un amerizaje de emergencia en el río Hudson, en Nueva York, el piloto, Chelsea Sullenberger, alias Sully, salvó a todos los pasajeros asegurándose de que el avión tocara el agua con el ángulo y la velocidad precisos para evitar que se partiera en dos con el impacto. Para conseguirlo, acalló todas las alarmas que se habían disparado en su cabeza y el miedo que estaba sintiendo.

Mantuvo la compostura desviando su atención del miedo y concentrándola en hacer un amerizaje sin contratiempos. No dejó que sus emociones se hicieran con el control de la situación, a pesar de que sabía que las posibilidades de supervivencia eran escasas.

Posiblemente, no tendrá que hacer un aterrizaje de emergencia en toda la vida, pero si es como la mayoría de las personas, habrá momentos en los que las emociones le superarán. Para mantenerse sincronizado, desvíe la atención de las emociones y concéntrela en la tarea que se trae entre manos.

14. Hable con alguien que no esté emocionalmente involucrado en el problema

Cuando surge un problema, su cerebro está constantemente pensando, clasificando y analizando información para decidir la mejor forma de proceder. El problema es que la única información de la que dispone su cerebro para proceder es la que ya le ha facilitado, es decir, lo que ha visto antes y lo que está ocurriendo ahora. Por la forma en la que está estructurada la mente, es muy fácil quedarse atrapado en una sola línea de pensamiento. Si deja que esto pase, sus opciones se verán severamente limitadas.

No es de extrañar que nos produzca tanto alivio hablar con alguien cuando nos sentimos confusos o consternados por una situación. No solo resulta reconfortante hablar con alguien que se preocupa por nuestros sentimientos, sino que además sus puntos de vista pueden abrir vías adicionales para explorar.

Cuando se enfrente a una situación difícil, busque a alguien en quien tenga confianza, con quien se sienta cómodo y que no se vea personalmente afectado por la situación. Utilice a esa persona como caja de resonancia de lo que está experimentando y de lo que está pensando y sintiendo en relación a la situación problemática.

Su punto de vista único le ayudará a ver las cosas de forma diferente y a ampliar sus opciones.

Elija bien a esa persona. La persona que invite a ayudarle no debe tener ningún interés en la situación. Cuanto más afectados por la situación se vean sus «consejeros», más condicionadas se verán sus perspectivas por sus propios sentimientos y necesidades. Las opiniones de las personas implicadas directamente en su situación no harán más que complicarle las cosas, y tiene que evitarlas a toda costa. También tiene que evitar a los que sabe que se limitarán a darle la razón. Si bien su apoyo puede resultar agradable, le impedirá ver la realidad de la situación. Sentarse con un posible abogado del diablo puede resultar fastidioso en el momento, pero a la larga le será más beneficioso que haber visto las cosas desde una perspectiva única.

15. Aprenda una lección valiosa de todas las personas que conozca

Piense en algún momento en el que una conversación le haya hecho poner de inmediato a la defensiva. Allí estaba usted, empuñando fuertemente su escudo y su espada, dispuesto y listo para luchar. Puede que alguien le hubiera criticado, o que un colega estuviera en desacuerdo con usted, o quizá alguien hubiera cuestionado sus motivos. Por extraño que parezca, momentos como esos pueden ser una oportunidad magnífica para aprender de los demás. Considerar que todos los que se crucen en su camino pueden tener algo muy valioso que enseñarle —algo de lo que podría beneficiarse— es lo mejor para mantenerse flexible, abierto y mucho menos estresado.

Se puede hacer en prácticamente cualquier situación. Vamos a suponer que está en su coche de camino al trabajo y que de repente otro vehículo se le cruza, gira bruscamente en la siguiente esquina y sale disparado en otra dirección. Incluso ese conductor desconsiderado puede enseñarle algo. Quizá pueda aprender que debe ser más paciente con las personas irritantes. O puede que le haga estar agradecido de no tener tanta prisa.

Enfadarnos, ponernos a la defensiva y estresarnos resulta más complicado cuando intentamos aprender algo de la otra parte.

La próxima vez que se sorprenda a sí mismo desprevenido y a la defensiva, aproveche la oportunidad para aprender algo. Tanto si puede aprender de lo que le diga la otra persona como de su comportamiento, mantener esa perspectiva es fundamental para no perder el control de la situación.

16. Incluya en su agenda momentos para cargar las pilas

Los beneficios del ejercicio físico son obvios, y siempre parece haber alguien —un médico, un amigo, un artículo— que nos recuerda que tenemos que hacer más ejercicio. De lo que mucha gente no es consciente, sin embargo, es de lo importante que el ejercicio y otras actividades relajantes y «recargadoras» de energía son para la mente. Si quiere convertirse en un experto en autogestión, tiene que dar a su mente la oportunidad de conseguirlo con esfuerzo, y en buena medida ello depende, sorprendentemente, del trato que dé a su cuerpo.

Cuando dedicamos una parte del día a hacer que la sangre fluya y a mantener el cuerpo sano, está dando un respiro muy importante a la mente; es el descanso y la recarga más significativa que podemos dar a nuestro cerebro, aparte del sueño. Si bien la actividad física intensa es ideal, otras diversiones más relajantes e igual de estimulantes pueden tener un efecto notable en la mente. Yoga, masajes, jardinería o dar una vuelta por el parque son, todas ellas, opciones relajantes para dar un respiro a la mente. Estas actividades —en especial el ejercicio vigoroso—, liberan sustancias químicas en el cerebro como serotonina y endorfinas, que lo recargan y contribuyen a que usted se mantenga feliz y lúcido.

Para muchos, la mayor dificultad a la hora de implementar esta estrategia es encontrar el momento para dedicarse a este tipo de cosas durante el día. Tendemos a echar por tierra nuestra lista de prioridades, ya que el trabajo, la familia y los amigos monopolizan nuestros días. Si reconocemos la actividad de recarga del cerebro por lo que es —una actividad de mantenimiento tan importante para el cerebro como cepillarse los dientes para la salud bucal—, nos resultará mucho más fácil incluirla en la agenda a principios de semana, en lugar de esperar a ver si encontramos tiempo durante la misma. Si quiere mejorar sus habilidades de autogestión, lo que conseguirá implementando esta estrategia habrá merecido el esfuerzo.

17. Acepte que el cambio está a la vuelta de la esquina

Nadie nace con una bola de cristal que le permite ver el futuro. Como es imposible predecir todos los cambios y los obstáculos que la vida pondrá en nuestro camino, el secreto para capear con éxito las dificultades es anticiparse a ellos, incluso antes de que se presenten.

La idea es prepararse para el cambio. No se trata de un juego de ingenio en el que hay que poner a prueba la precisión a la hora de prever lo que va a ocurrir, sino más bien de pensar en las consecuencias de los posibles cambios para que cuando se produzcan no nos pillen por sorpresa. El primer paso es admitir que incluso las facetas más estables y seguras de nuestra vida escapan a nuestro control. La gente cambia, las empresas tienen altibajos y las cosas no se mantienen inalterables.

Cuando somos capaces de anticipar el cambio —y sabemos qué opciones tenemos en caso de que se produzca—, nos preparamos para no quedarnos paralizados por emociones negativas como la sorpresa, el miedo o la decepción cuando el cambio se produce realmente. Si bien lo más probable es que sigamos experimentando esas emociones negativas, reconocer que el cambio es una parte inevitable de la vida le permitirá concentrarse y pensar racionalmente, lo cual es fundamental para sacar el máximo partido de una situación insólita, indeseable o imprevista.

La mejor manera de implementar esta estrategia es reservarse un breve período de tiempo a la semana, o cada dos semanas, para hacer una lista de los cambios importantes que cree que podrían tener lugar. Se trata de los cambios para los que quiere estar preparado. Deje suficiente espacio debajo de cada uno de los cambios que incluya en su lista para escribir las posibles medidas que tomará si el cambio se produce. Y debajo de estas puede escribir ideas que cree que puede poner en práctica en el presente para prepararse para ese cambio. ¿Qué señales podrían indicarle que el cambio es inminente? Si detectara esas señales, ¿podría hacer algo para prepararse y minimizar su impacto? Incluso si los cambios que anote en su lista no llegaran a producirse nunca, el mero hecho de anticiparse a ellos y de saber lo que haría para hacerles frente le convertiría en una persona mucho más flexible y capaz de adaptarse.

Capítulo 7

Estrategias de conciencia social

Seguramente, en alguna ocasión, un compañero de trabajo se ha acercado a usted y, sin tener que decirle ni una palabra, ha sabido qué tal le estaba yendo el día y que algo le preocupaba. Parecía saber que usted acababa de salir de una reunión conflictiva con solo mirarle a la cara. Parecía saber que a usted le convenía desahogarse y optó por no pedirle el favor que tenía en mente. Esa persona había intuido algo.

Y ¿qué me dice de esa camarera que parece «saber exactamente» lo que quiere cada uno de sus clientes? Una pareja está en su mundo, prefieren estar solos; otra pareja está encantada de mantener una conversación animada con una persona nueva, mientras que los de otra mesa prefieren un servicio profesional y educado. Todos ellos se han sentado para comer y beber y para que les sirvan, y sin embargo cada uno tiene una personalidad diferente y cada mesa se convierte en única. ¿Cómo puede ella hacerse una opinión tan rápida de cada una de esas mesas y captar sus necesidades?

Tanto el compañero intuitivo como la camarera tienen un alto nivel de conciencia social, una habilidad que utilizan para identificar y comprender los estados de ánimo de otros individuos y de grupos enteros de personas.

En lugar de mirar hacia el interior de sí mismos, para conocerse y comprenderse mejor, los que tienen conciencia social miran hacia el exterior para conocer y comprender a los demás. La conciencia social consiste en la habilidad para identificar y entender las emociones de los demás. Si es capaz de conectar con las emociones de quienes se relacionen con usted, le resultará mucho más fácil hacerse una idea más precisa de su entorno, que influye en todo, desde las relaciones hasta el resultado que de ellas se derive.

Para mejorar sus habilidades de conciencia social, tendrá que observar a la gente en todo tipo de situaciones. Puede observar a una persona desde lejos mientras está haciendo cola para pagar en el supermercado o puede observar a su interlocutor mientras conversan. Aprenderá a captar el lenguaje corporal, las expresiones faciales, las posturas, el tono de voz e incluso lo que se oculta bajo la superficie, como las emociones y los pensamientos más profundos.

Se ha demostrado que, curiosamente, las emociones, las expresiones faciales y el lenguaje corporal son iguales en culturas muy diferentes. Por lo tanto, podrá utilizar esas habilidades en cualquier lugar.

Es muy importante observar a través de una lente muy clara. Estar presente y conceder toda la atención a los demás es el primer paso para tener una mayor conciencia social. Pero para mirar al exterior, no solo hay que utilizar los ojos; hay que entrar en contacto con los sentidos. Y además no cabe utilizar únicamente los cinco sentidos básicos, sino que es posible utilizar la extensa cantidad de información que llega al cerebro a través de ese sexto sentido que son las emociones. Nuestras emociones pueden ayudarnos a detectar e interpretar las pistas que nos envíen los demás. Esas pistas nos permitirán ponernos en la piel de las otras personas.

Las 17 estrategias incluidas en esta sección le ayudarán a superar los obstáculos que se interpongan en su camino y cuando surjan dificultades. Es imposible captarlo todo, por lo tanto es fundamental captar las señales adecuadas. Estas estrategias de conciencia social, probadas, le ayudarán a hacer precisamente eso.

ESTRATEGIAS DE CONCIENCIA SOCIAL

1. Llame a las personas por su nombre.
2. Observe el lenguaje corporal de los demás.
3. Espere el momento oportuno.
4. Tenga preparada alguna pregunta comodín.
5. No tome notas en las reuniones.
6. Planifique las reuniones sociales con antelación.
7. Organice el desorden.
8. Viva el momento.
9. Dé una vuelta de quince minutos.
10. Observe el CE en las películas.
11. Practique el arte de escuchar.
12. Observe a la gente.
13. Conozca las reglas del juego de la cultura.
14. Confirme la certeza de sus observaciones.
15. Póngase en el lugar de los demás.
16. Vea la totalidad de la imagen.
17. Capte el estado de ánimo de la sala.

1. Llame a las personas por su nombre

Puede que deba su nombre a un miembro especial de su familia o a un amigo de esta, o que tenga un apodo que abrevie su largo apellido. Cualquiera que sea la historia que está detrás de su nombre de pila, constituye una parte imprescindible de su identidad. Resulta muy agradable que la gente utilice nuestro nombre y lo recuerde.

Llamar a una persona por su nombre es una de las estrategias de conciencia social más básicas e influyentes que pueden adoptarse. Es una forma personal y sincera de atraer a una persona. Si tiene tendencia a retraerse en las reuniones sociales, llamar a las personas por su nombre es una forma muy sencilla de hacerse notar; llamar a una persona por su nombre rompe barreras, y resulta agradable y atractivo. Incluso si es una persona muy sociable, llamar a la gente por su nombre es una estrategia que debe practicar.

Dicho esto sobre el valor de llamar a las personas por su nombre, vamos a hablar del seguimiento. Si es de los que siempre tiene los nombres en la punta de la lengua, de los que suele decir que «es muy bueno con las caras pero no con los nombres», o es de los que no consigue recordar un nombre treinta segundos después de haberlo oído, durante todo este mes practique el siguiente ejercicio. Tiene que decir: «Hola (nombre)», cada vez que entre en un sitio y le presenten a alguien. Recordar el nombre de una persona es un ejercicio mental, que requiere práctica. Si un nombre le resulta extraño, pida que se lo deletreen para que pueda visualizarlo escrito. Esto le ayudará a recordarlo más tarde. Asegúrese de utilizar el nombre de su interlocutor al menos dos veces durante la conversación.

Al llamar a una persona por su nombre, no solo la reconocemos por la esencia de lo que es sino que, además, podemos conectar con ella a un nivel más que superficial. Si nos proponemos recordar el nombre de una persona, estaremos concentrando nuestra mente, lo cual contribuirá a aumentar nuestra conciencia en las situaciones sociales.

2. Observe el lenguaje corporal de los demás

Pregunte a los jugadores de póquer profesionales el aspecto que más estudian de sus oponentes y le dirán que están pendientes de los pequeños cambios de comportamiento que indican si el jugador confía en sus cartas.

Observan la postura, el movimiento de los ojos, los gestos de las manos y las expresiones faciales. El jugador que simula confianza con bravuconerías suele farolear, mientras que aquel que se muestra tranquilo podría sorprenderle con una escalera real. Para los jugadores de póquer profesionales, saber interpretar el lenguaje corporal es una cuestión de ganar o de volver a casa con las manos vacías. De sus habilidades de conciencia social depende su éxito o su fracaso.

Para nosotros también es muy importante llegar a ser unos expertos lectores del lenguaje corporal; sabremos cómo se siente realmente la gente y podremos planear una respuesta apropiada. Para hacer una lectura completa de una persona, es preciso evaluar su cuerpo de la cabeza a los pies. Hay que empezar por la cabeza. Los ojos comunican más que ningún otro elemento de la anatomía humana. Puede obtenerse mucha información de ellos, pero ¡cuidado con mirar fijamente!

El contacto visual mantenido puede significar que una persona es digna de confianza, sincera o bondadosa. Una mirada furtiva o un parpadeo excesivo pueden sugerir decepción. Los que mueven los ojos de forma relajada y a la vez prestan atención a su interlocutor son más sinceros y honestos.

Después, hay que fijarse en la sonrisa. ¿Es sincera o forzada? Los investigadores pueden diferenciarlas. Observan si se forma una pequeña arruga en el rabillo del ojo, y si no es así, probablemente la sonrisa es falsa. Las sonrisas sinceras cambian rápidamente de un pequeño movimiento fácil a una gran expresión abierta.

Una vez que se haya terminado de analizar el rostro, puede pasarse a los hombros, el torso y las extremidades. ¿Están caídos los hombros o se mantienen erguidos de forma natural? ¿Están los brazos, las manos, las piernas y los pies quietos o no dejan de moverse? El cuerpo comunica constantemente y es una fuente de información abundante; por lo tanto, es muy importante observar detenidamente el lenguaje corporal durante las reuniones, los encuentros amistosos y las presentaciones. Una vez que consiga sintonizar con el lenguaje corporal, los mensajes se volverán altos y claros, y muy pronto detectará pistas y podrá decir a alguien que es un farsante.

3. Espere el momento oportuno

Seguramente habrá oído la frase «hay que esperar el momento oportuno» para referirse a cientos de situaciones y escenarios. Cuando se trata de las personas y sus emociones, es muy importante esperar el momento oportuno. No se nos ocurre pedir un aumento de sueldo cuando la empresa no va bien, no intentamos corregir a una persona que se siente amenazada por nosotros, y no le pedimos un favor a alguien cuando está muy enfadado o estresado. Para practicar el don de la oportunidad en lo que hace referencia a la conciencia social, hay que empezar a trabajar en ello haciendo preguntas. El objetivo es hacer las preguntas adecuadas en el momento adecuado con la mentalidad adecuada y teniendo muy en cuenta la audiencia.

Piense qué haría si estuviera hablando con una compañera de trabajo que estuviera desahogándose con usted de sus problemas con su marido. Está preocupada por su matrimonio y está demostrando más emoción que nunca. Como respuesta a sus palabras, usted dice de pronto: «¿Se te ha ocurrido alguna idea para la propuesta de proyecto?». Ella le mira con la expresión helada, totalmente perpleja por su pregunta.

Le cambia la cara. La conversación ha terminado.

En ese caso, el momento, la frase y el estado de ánimo no eran apropiados. Ha hecho la pregunta adecuada en el momento adecuado para usted; pero el momento y el estado de ánimo de la otra persona eran muy distintos. Recuerde: no se trata de usted, se trata de la otra persona. Una pregunta apropiada en ese momento, para el estado de ánimo que tenía esa persona, habría sido: «¿Puedo hacer algo?». Seguramente, ella habría apreciado su interés y se habría tranquilizado. A continuación podría haberle hecho su pregunta con mucho tacto, reconociendo que el momento todavía no era muy oportuno.

4. Tenga preparada alguna pregunta comodín

Algunas conversaciones no van según lo previsto. Puede que nuestro interlocutor no hable tanto como esperábamos o que se limite a responder con monosílabos. Un silencio de diez segundos parece una eternidad; nos sentimos violentos y resulta muy incómodo. Hay que pensar en algo, rápido. ¿Qué tal una pregunta comodín?

Una pregunta comodín es una pregunta que se utiliza para salir del apuro en un silencio violento o en un momento incómodo. Esta estrategia de conciencia social le permitirá ganar tiempo para conocer mejor a la otra persona y, a la vez, demostrarle que le interesan sus pensamientos, sentimientos e ideas. Puede ser algo del tipo: «¿Qué opinas acerca de…?». Elija cualquier asunto que requiera cierta explicación, como por ejemplo el trabajo o algún tema de actualidad, pero evite la política, la religión y otras cuestiones potencialmente delicadas.

El conversador versátil sabe exactamente cuándo tiene que hacer uso de esta pregunta comodín; tiene que dar un impulso a la conversación, y no está dispuesto a abandonar.

Puede parecer un cambio de tema brusco. Tranquilo; si sirve para que la conversación se anime, lo habrá hecho bien. Si no lo consigue, puede que haya llegado el momento de incluir educadamente a alguien más en la conversación o de excusarse para ir a servirse otra bebida.

5. No tome notas en las reuniones

Desde pequeños, nos han enseñado que si queremos tener éxito, debemos aprender a asumir enormes cargas de trabajo y seguir aceptando más y más responsabilidades. Con la multitarea, cuanto más trabajo es capaz de asumir alguien, mayor es su éxito, ¿verdad? Falso. De hecho, la multitarea merma la calidad del trabajo, ya que el cerebro es sencillamente incapaz de rendir al máximo nivel en varias actividades al mismo tiempo.

Supongamos que se encuentra reunido en una sala en la que se están debatiendo varias ideas. En la reunión se van exponiendo los pros y los contras de cada una de ellas. A pesar de que algunas de las ideas se van anotando en la pizarra, usted prefiere tomar sus propias notas para no perderse ningún detalle. Cuando está acabando sus anotaciones, de repente la voz de Oscar resuena por toda la sala, con un tono propio de una persona que está realmente enfadada. A continuación se produce un tenso intercambio entre Oscar y Melinda. Usted revisa sus notas y no consigue encontrar la causa de ese giro en la reunión. ¿Qué ha pasado? Se ha perdido detalles muy importantes.

Debido a que tenía la mente concentrada en el cuaderno y la mano en la escritura, se ha perdido pistas muy importantes que arrojaban luz sobre cómo se sentían o qué estaban pensando los demás. Cuando una persona quiere enterarse bien de todo, observa a los demás sin distraerse con el teléfono, con el ordenador o con el cuaderno. En su lugar, se limita a observar. Recuerde: el principal objetivo de la conciencia social es reconocer y comprender lo que piensan y sienten los demás. Para conseguirlo, tiene que concentrarse en ellos.

Las reuniones son un espacio magnífico para observar a los demás. La audiencia ya va dispuesta a escuchar y, por lo general, las distracciones telefónicas y del correo electrónico son mínimas... aunque nunca falta el dichoso bolígrafo. En la próxima reunión, no tome notas. En su lugar, mire a cada uno de los presentes a la cara y fíjese en sus expresiones. Establezca contacto visual con todos los que intervengan. Se sentirá más involucrado y concentrado en los demás, y captará detalles que, probablemente, el bolígrafo y el papel pasarían por alto.

No hay duda de que tomar notas tiene su valor. Pero no tiene por qué ser su modo de proceder habitual. Si tiene que tomar notas por cuestiones prácticas, deténgase de vez en cuando para practicar la observación.

6. Planifique las reuniones sociales con antelación

Imagine que está saliendo de casa de unos amigos donde se habían reunido para cenar. No entiende cómo ha sido capaz de olvidarse de llevar el pan. Se ha pasado diez minutos por lo menos recriminándose por ello, y otros quince aguantando los comentarios irónicos y jocosos de los demás. Cuando está metiendo la llave en el contacto del coche, de pronto se acuerda de que quería la tarjeta de visita de Jack para llamarle y proponerle un proyecto de marketing, pero el «incidente del pan» ha hecho que lo olvidara. Luego está Kate. Parecía triste... ¿Por qué no le ha preguntado lo que le pasaba?

Tenía previsto asistir a esa cena, pero ¿la había planificado? Planificar un evento con antelación puede ahorrarle muchos problemas, tanto si se trata de una cena como de una reunión de trabajo. Si entra por la puerta con un plan, libera toda su energía mental y su capacidad intelectual, y puede concentrarse en el momento presente.

La próxima vez que confirme su asistencia a un evento, acuérdese de planificarlo. En una hoja, haga una lista de los asistentes, de los temas que se tratarán y de las cosas que se prevé hacer. No se corte, ¡llévese la lista!

Ahora regresemos al escenario de la fiesta, pero esta vez con su plan escrito en una hoja. Cuando llega, entrega al anfitrión el pan que le había prometido. Hecho. Ve a Jack en la cocina, y se dirige hacia él para intercambiar un par de palabras y pedirle su tarjeta. Hecho. Entonces ve que Kate está triste; parece ausente. Lo advierte inmediatamente, no a posteriori, cuando está volviendo a casa. Al instante responde a la alarma de su cerebro y se lleva aparte a Kate para ver si quiere hablar. Ella aprecia su interés, sonríe y le explica lo que le pasa. Al cabo de un rato, ambos regresan con el grupo y disfrutan de la cena.

La planificación no solo le preparará para el evento, sino que además le ayudará a disfrutar más del mismo porque estará menos estresado y más presente cuando esté allí.

7. Organice el desorden

Para ser socialmente consciente, tiene que estar socialmente presente y eliminar las distracciones, en especial las que están dentro de su cabeza. Esas distracciones internas son como los trastos que se acumulan en el garaje o en el armario; puede que sean útiles, pero hay tantas cosas y están tan desordenadas que es muy difícil acceder a lo que necesitamos. La solución: organizar el desorden.

Hay varios culpables de ese desorden que vale la pena eliminar. En primer lugar, todos mantenemos conversaciones y discusiones mentales; hablamos con nosotros mismos constantemente. Estamos tan ocupados con esas conversaciones que desconectamos del mundo exterior, lo cual es contraproducente para la conciencia social. El segundo culpable es el proceso que hace que formulemos nuestras respuestas cuando nuestro interlocutor sigue hablando. Eso también es contraproducente; como es obvio, resulta difícil escucharnos a nosotros mismos y a la otra persona.

Para organizar ese desorden interno, cabe seguir unos pasos muy simples. Cuando esté en una conversación, no interrumpa a la otra persona hasta que haya acabado de hablar. A continuación, para acallar esa voz que está planeando su respuesta, es importante que se dé cuenta de ello, y al hacerlo, se detenga y ponga orden. Luego puede volver a concentrarse en el rostro y en las palabras de la otra persona. Si es preciso, acérquese físicamente a su interlocutor para concentrar todo su cuerpo en la conversación. Si se da cuenta, querrá decir que está progresando, porque antes ni siquiera era consciente de que lo hacía.

Recuerde que comparte esa conversación para escuchar y aprender algo, no para impresionar a la otra persona con sus comentarios y observaciones. A medida que vaya siendo más consciente de su desorden y lo vaya organizando, podrá ir acallando sus pensamientos internos y aprendiendo a escuchar.

8. Viva el momento

Nadie vive tanto el momento como los niños. Los niños no piensan acerca del ayer o se plantean qué pasará más tarde. En cada momento son como Superman, y mientras están luchando contra los malos, no existe nada más en el mundo.

Los adultos, sin embargo, piensan en el pasado («Oh, no tendría que haber hecho eso») y se angustian por el futuro («¿Cómo voy a hacerlo mañana?»). Es imposible concentrarse en el presente cuando el pasado y el futuro acechan. Para tener conciencia social hay que vivir el momento con tanta naturalidad como un niño, para saber lo que les está ocurriendo a los demás en cada momento.

Haga que vivir el presente se convierta en un hábito, y sus habilidades de conciencia social mejorarán. Empiece este mismo mes; si está en el gimnasio, esté en el gimnasio. Si está en una reunión, esté en la reunión. Se encuentre donde se encuentre, esté todo lo presente que sea posible para que pueda ver a los que se hallan a su alrededor y experimentar la vida en ese momento. Si se sorprende estando mentalmente en otro sitio, vuelva al presente. Recuerde: planificar el futuro y pensar en el pasado son ejercicios valiosos, pero si se practican todo el día, interfieren con lo que tenemos delante: el presente.

9. Dé una vuelta de quince minutos

¿No dijo alguien que lo importante de la vida es el viaje, no el destino? Para ser socialmente conscientes, tenemos que acordarnos de disfrutar del viaje y de tener en cuenta a las personas con las que nos cruzamos en el camino. Cuando solo pensamos en la reunión que tenemos a continuación, en el semestre que va a empezar, en el próximo paciente al que hemos de visitar o en que debemos darnos mucha prisa para enviar un correo electrónico, pasamos por alto a todas las personas que están implicadas en el proceso.

Para disfrutar del viaje, tiene que dedicar un tiempo a dar una vuelta por su lugar de trabajo y observar lo que le rodea. Hacerlo le ayudará a sintonizar con otras personas y sus emociones, y podrá concentrar su atención en algunas de las pistas más pequeñas, aunque críticas, que tiene justo delante de sus ojos.

En un día de trabajo cualquiera, dedique quince minutos a observar detalles que nunca había apreciado antes. Entre ellos pueden incluir el aspecto y el carácter de los distintos espacios de la empresa, la coordinación con la que se mueven por ellos las distintas personas, e identifique quiénes buscan la interacción y quiénes prefieren quedarse toda la jornada en su despacho.

Tras su primera ronda de observación, elija otro día para dedicarse a observar el estado de ánimo de la gente. El estado de ánimo puede proporcionar pistas muy importantes de cómo están yendo las cosas tanto a nivel individual como colectivo. Observe cómo se sienten los demás o cómo le hacen sentir cuando se les acerca para hablar con ellos brevemente. Observe también el estado de ánimo general de la oficina, o la escuela, el hospital, la fábrica... sea cual sea su lugar de trabajo. Concéntrese en lo que vea, oiga y le llame la atención.

Resérvese quince minutos para dar una vuelta por su lugar de trabajo un par de veces al mes. El día elegido, asegúrese de no formular demasiadas hipótesis y evite llegar a demasiadas conclusiones; limítese a observar. Le sorprenderá lo que descubre por el camino.

10. Observe el CE en las películas

Hollywood... Es la capital del entretenimiento del mundo, famosa por la ostentación, el glamour y las celebridades. Lo crea o no, Hollywood es un caldo de cultivo de CE, ideal para desarrollar las habilidades de conciencia social.

Al fin y al cabo el arte imita a la vida, ¿no? El cine es una fuente de CE en acción, ya que evidencia comportamientos que hay que emular o evitar totalmente. Los grandes actores son expertos en recrear emociones reales; como sus personajes tienen que parecer reales, nos resulta fácil observar sus comportamientos y emociones en la pantalla.

Para desarrollar las habilidades de conciencia social, puede practicar observando lo que les pasa a los demás; da igual que se fije en un héroe cinematográfico o en una persona real. Cuando vea una película para observar comportamientos sociales, estará practicando las habilidades de conciencia social. Además, como no estará viviendo la situación, no estará emocionalmente involucrado y las distracciones serán muy limitadas. Podrá utilizar su energía mental para dirigir la atención a los personajes en lugar de enfrentarse a su propia vida.

Este mes, propóngase ver dos películas para observar específicamente las interacciones, las relaciones y los conflictos de algunos personajes de ficción. Observe detenidamente las pistas de su lenguaje corporal para descubrir cómo se siente cada uno de ellos y cómo se enfrenta a los conflictos. A medida que vaya obteniendo más información de los personajes, rebobine y vuelva a fijarse en momentos anteriores para detectar pistas que quizá haya pasado por alto la primera vez. Lo crea o no, ver películas es uno de los métodos más útiles y entretenidos para practicar las habilidades de conciencia social.

11. Practique el arte de escuchar

Puede que parezca muy básico, tal vez incluso demasiado básico para mencionarlo, pero el arte de escuchar es una estrategia y una habilidad que está perdiendo terreno en la sociedad. Muchos creen que saben escuchar, pero si los adultos jugaran al juego de los disparates hoy, ¿cómo acabaría siendo el mensaje final? Saber escuchar requiere concentración, y concentrarse no es fácil porque todos tenemos muchos frentes abiertos.

Escuchar no consiste únicamente en oír las palabras que se dicen; consiste en prestar atención al tono, el ritmo y el volumen de la voz. ¿Qué se ha dicho? ¿Hay algo que no se ha dicho? ¿Qué mensaje ha permanecido oculto? Puede que haya asistido a una conferencia o una presentación en la que se han escogido muy bien las palabras, pero el tono, el ritmo o el volumen no han estado en consonancia con el poder de las mismas. Más bien han estado en consonancia con el estado de ánimo del orador.

Esta es la estrategia que tiene que practicar: cuando le hablen, deje lo que estaba haciendo y escuche atentamente hasta que su interlocutor haya dicho la última de sus frases. Cuando hable por teléfono, no escriba un correo electrónico al mismo tiempo. Cuando su hijo le haga una pregunta, deje el ordenador y mírele a los ojos al responderle.

Cuando esté cenando con su familia, desconecte el televisor y escuche la conversación que está teniendo lugar alrededor de la mesa. Cuando esté reunido con una persona, cierre la puerta y siéntese cerca de su interlocutor para poder concentrarse y escuchar. Consejos tan sencillos como estos le ayudarán a estar en el momento presente, captar las señales que le envía la otra persona y entender de verdad lo que se está diciendo.

12. Observe a la gente

Algunas veces lo único que quiere hacer es sentarse y limitarse a observar el mundo o, en este caso, a la gente. Siéntese a una mesa de la cafetería de su barrio y dedíquese a observar a todos los que entran y piden sus cafés largos, descafeinados, con leche descremada, o a la pareja que pasea de la mano; estará practicando una de las estrategias de conciencia social más efectivas.

Cuando dedique parte de su tiempo a observar, comprobará que la gente revela su estado de ánimo. Observe cómo interactúan las personas en la cola de la cafetería, del supermercado o de otros lugares públicos; son magníficas áreas de prácticas. Puede fijarse en cómo miran las estanterías de las tiendas y en el ritmo al que se mueven. Puede mantener una distancia de seguridad y utilizarla para identificar el lenguaje corporal o las pistas no verbales que le indicarán lo que piensan o cómo se sienten.

Observar a la gente es un método seguro para detectar señales, reconocer interacciones y descubrir motivaciones o emociones subyacentes sin necesidad de participar.

La capacidad de identificar los estados de ánimo y las emociones constituye una parte muy importante de la conciencia social y, por lo general, suele pasar desapercibida. Por lo tanto, la próxima semana vaya a su cafetería habitual, pida su bebida favorita y póngase cómodo... porque es el lugar perfecto para trabajar la conciencia social.

13. Conozca las reglas del juego de la cultura

Tener conciencia social requiere mucho más que saber captar las pistas emocionales de otra persona. Vamos a suponer que en breve empezará a trabajar en una nueva empresa. Si quiere que le vaya bien, deberá aprender cuál es la cultura de dicha empresa. Suponga que le asignan un despacho que va a compartir con Lac Su. Si quiere evitar conflictos con Lac Su, también tendrá que averiguar de qué forma sus raíces culturales y familiares pueden influir en las expectativas que tiene puestas en usted como compañero de oficina. No podrá interpretar las acciones o reacciones de Lac Su hasta que averigüe cuáles son sus reglas del juego.

¿Reglas? Un porcentaje muy importante de hacer y decir lo correcto en las diversas situaciones sociales depende de conocer las reglas del juego de la cultura. El mundo en el que vivimos es un mosaico de culturas diferentes. Esas culturas interactúan, conviven y negocian entre sí de acuerdo con reglas muy específicas. Es un hecho, y no hay más remedio que aprender a ser emocionalmente inteligente para saber desenvolverse entre ellas.

El secreto para ganar ese juego de la cultura es tratar a todo el mundo como cada cual quiera que le traten, no como a nosotros nos gustaría que nos trataran. Pero ¿cómo es posible dominar distintas reglas al mismo tiempo?

Lo primero que hay hacer es escuchar y observar a esas personas todavía más y durante un período de tiempo más largo que el que dedicaría a gente de su misma cultura. Debe recoger muchas observaciones y reflexionar antes de sacar conclusiones. Considérese un recién llegado, y antes de abrir la boca y de meter la pata, observe cómo interactúa la gente. Hay que buscar similitudes y diferencias entre cómo jugaría uno mismo y cómo están jugando los demás.

A continuación, es preciso plantear una serie de preguntas específicas. Para ello puede que sea necesario buscar un espacio fuera de las reuniones o del trabajo. Muchas culturas, tanto empresariales como étnicas, valoran la interacción social en las comidas antes de pasar a los negocios. Es un enfoque muy inteligente porque la interacción social aumenta la conciencia social de ambas partes y las prepara para jugar según las reglas establecidas.

14. Confirme la certeza de sus observaciones

Incluso los que son más socialmente conscientes tienen días o se enfrentan a situaciones que no pueden interpretar. Puede que haya tanta interferencia y actividad entre la gente o en la sala que sea difícil hacer una buena lectura en medio de ese ritmo frenético. O puede que esas personas socialmente conscientes estén casi seguras de saber lo que está ocurriendo pero que necesiten confirmar sus observaciones. En estos casos, hay una estrategia de conciencia social que le permitirá obtener las respuestas que necesita: preguntar.

¿Preguntar? Recuerde: no hay nada como una pregunta tonta. Incluso los expertos en conciencia social, en un momento u otro, también necesitan confirmar sus observaciones. La mejor forma de comprobar la precisión de nuestras apreciaciones es preguntando si lo que estamos observando en la gente o en las situaciones es lo que está ocurriendo realmente.

Puede que se haya encontrado con Steve en el trabajo y que haya reparado en su semblante triste; está cabizbajo y no levanta la mirada del suelo. Le pregunta cómo está, y él le dice que «está bien».

Usted intuye que le está diciendo lo contrario de lo que siente en realidad: Steve no parece estar bien. En ese momento, debe hacerle una pregunta reflexiva para confirmar su intuición. Puede decirle: «Pareces preocupado. ¿Ha pasado algo?». Si manifesta la evidencia («pareces preocupado») y plantea una pregunta directa («¿ha pasado algo?»), estará haciendo la mejor pregunta reflexiva posible. Seguramente, Steve solo le dirá lo que quiere que usted sepa, por el momento; pero habrá conseguido llegar a él, expresarle su interés.

Otro tipo de pregunta de confirmación se concentra en los mensajes tácitos, o los que no se han dicho. Como la gente no siempre dice abiertamente lo que piensa, suelta indirectas. Si se siente cómodo preguntando, esta es una oportunidad magnífica para comprobar si ha captado sus indirectas y lo que cree que significan. Además le permitirá detectar sus errores en caso que haya sacado conclusiones precipitadas o se haya perdido alguna pista.

Comprobar si ha acertado o no con sus observaciones le proporcionará un mayor conocimiento de las situaciones sociales, y le ayudará a detectar las pistas que suelen pasar desapercibidas. Si no pregunta, nunca estará seguro.

15. Póngase en el lugar de los demás

Los actores lo hacen constantemente: se ponen en el lugar de sus personajes, canalizan sus emociones y sentimientos, personificando las mentes y las motivaciones de aquellos. Los mejores actores son los que pueden dar vida incluso a aquellos personajes más alejados de su manera de ser. Cuando un actor termina su trabajo, en lugar de quejarse, suele decir que ha llegado a apreciar al personaje al que ha representado, aunque haya sido el malo de la película.

Ponerse en el lugar de los demás es la mejor estrategia de conciencia social, y no solo pueden los actores practicarla. Podemos desarrollarla todos los que queremos ver a los demás con perspectiva y conocerles más a fondo, mejorar nuestra comunicación y detectar los problemas antes que se agraven. Si cree que no es necesario, piense cuál fue la última vez que se dijo a sí mismo: «Ojalá hubiera sabido que Jane se sentía así». Si se está lamentando, ya es demasiado tarde; sin duda habría sido mucho más útil saber cómo se sentía Jane antes, en aquel momento.

Para practicar esta estrategia, hay que hacerse preguntas que empiecen así: «Si yo fuera esta persona…». Vamos a suponer que está en una reunión y que alguien pone a Jim en el punto de mira, cuestionando decisiones que ha tomado sobre un proyecto que ha causado problemas. Si usted fuera Jim, su tendencia le haría estar a la defensiva. Pero recuerde, no se trata de usted, se trata de Jim. Deje a un lado sus ideas, emociones, pautas de pensamiento y tendencias; tiene que experimentar esta situación como Jim. Tiene que preguntarse: «Si yo fuera Jim, ¿cómo respondería a esta pregunta?». Utilice su experiencia previa con Jim para poder comprenderle: cómo ha reaccionado él en situaciones similares en el pasado, cómo reacciona cuando le ponen en tela de juicio, cómo se maneja en grupos y en el cara a cara. ¿Cómo actuó y qué dijo? Es una información muy importante.

¿Cómo sabrá usted si ha acertado? Si se siente cómodo con Jim y el momento es oportuno, acérquese a él después de la reunión y confirme sus hipótesis. Si no se siente cómodo con Jim, practique en otra situación con otra persona y compruebe si ha acertado con sus pensamientos. Cuanto más practique y más feedback obtenga, más cómodo se sentirá en el lugar de los demás.

16. Vea la totalidad de la imagen

Puesto que nos miramos con nuestros propios ojos, hay muchas probabilidades de que solo veamos una parte de la imagen. Si tuviera la oportunidad, ¿estaría dispuesto a verse a través de los ojos de los que más le conocen? Mirar afuera y buscar ese feedback es fundamental para tener conciencia social, porque nos brinda la oportunidad de saber cómo nos ven los demás; así podemos ver la situación con perspectiva.

Si quiere aprovechar esa oportunidad, debe tener el valor y la fuerza necesarios para invitar tanto a sus admiradores como a sus detractores a llegar al quid de la cuestión y compartir honestamente sus percepciones. ¿Qué pasa si se equivocan? ¿Y si son muy duros? ¿Y si tienen razón?

Independientemente de sus respuestas, sus percepciones son importantes porque sus opiniones influyen en nosotros y en nuestra vida. Por ejemplo, si sus compañeros creen que se muestra muy pasivo en las reuniones cuando, en realidad, simplemente necesita tiempo para pensar antes de hablar, esas percepciones influirán en las oportunidades que a usted se le presentarán. Pronto, su jefe no le tendrá en cuenta para presidir un comité porque pensará que es pasivo y poco reflexivo.

El mejor método para descubrir cómo nos ven los demás es simple y efectivo. Dado que nos interesa el CE, puede enviar a todos un test en el que pregunte, a usted y a los demás, por sus habilidades de autoconocimiento, autogestión, conciencia social y gestión de las relaciones sociales. El resultado será una imagen completa suya y de las percepciones de los demás. Lo crea o no, la imagen que los demás tienen de nosotros suele ser más acertada que la que nosotros tenemos de nosotros mismos. No obstante, independientemente de cuáles sean esas percepciones, resulta esencial conocerlas puesto que le condicionarán.

Es muy importante aplicarlo y pedir a los demás que nos ayuden a conocernos un poco mejor a través de sus miradas. Si no quiere grabarse en vídeo, es lo que tendrá que hacer para verse en acción a través de los ojos de los demás.

17. Capte el estado de ánimo de la sala

Una vez que sea capaz de interpretar las señales y las emociones de otras personas, estará listo para interpretar las de una sala entera. Puede que le parezca excesivo, pero es lo que acaba de aprender sobre la conciencia social, solo que a mayor escala.

En esencia, hay dos formas de captar el estado de ánimo de una sala. La primera consiste en confiar exclusivamente en nuestros instintos. Las emociones se contagian; es decir, que se propagan a partir de una o dos personas hasta que se crea un estado de ánimo palpable y colectivo que puede sentirse a cierto nivel. Por ejemplo, imagínese que entra en una sala en la que hay ciento veinticinco empresarios hablando y compartiendo sus ideas. Lo más probable es que en la sala haya mucha excitación y energía positiva, y que no le cueste mucho darse cuenta de ello. Apreciará los tonos y los niveles de voz de cada uno, y verá que tanto su postura como su lenguaje corporal denotan interés y atención.

Ahora imagínese que entra en una sala en la que hay ciento veinticinco personas esperando ser elegidas para formar parte del jurado. La sala está en silencio; todo el mundo intenta distraerse leyendo, escuchando música o haciendo lo que puede para pasar el tiempo. A pesar de que están obligados a hacerlo casi nadie quiere estar ahí. Los dos estados de ánimo son como la noche y el día.

Veamos cómo puede captar el estado de ánimo de una sala. Al entrar en ella, eche un vistazo alrededor y detecte si percibe energía o tranquilidad, calma tensa. Tiene que observar cómo se encuentran todos, si aislados o en grupos. ¿Están hablando y moviendo las manos? ¿Hay algunos más animados que otros? ¿Qué le dice su instinto de ellos?

Otra forma de interpretar el estado de ánimo de la sala es hacerse acompañar por un guía más experimentado, como el que le acompañaría a un safari. El guía tendría que ser un experto en conciencia social dispuesto a enseñarle a hacer uso de sus instintos y a captar el estado de ánimo de la sala. Conviértase en la sombra de ese guía y preste mucha atención a lo que ve y percibe. Pregúntele lo que siente y qué pistas le dan información sobre el estado de ánimo. Poco a poco, será usted quien acabe tomando el liderazgo. Eche un vistazo a la sala y contraste sus pensamientos con el guía.

Con la práctica de este ejercicio, muy pronto será tan capaz de hacer observaciones como su guía.

Puede que la naturaleza y el comportamiento humano no difieran tanto de lo que ocurre en la sabana africana. Cuanto antes sea capaz de desarrollar la capacidad de detectar confianza, inquietud o cambios de humor en las reuniones de grupo, más pronto estará capacitado para manejarse por las selvas sociales de su vida.

Capítulo 8

Estrategias de gestión de las relaciones

A mucha gente no le supone ningún problema establecer relaciones nuevas (laborales o de otro tipo) y, sin embargo, le resulta muy difícil mantener relaciones a largo plazo. Muy pronto, la realidad se impone y hace patente que la fase de luna de miel se ha acabado.

Lo cierto es que todas las relaciones requieren esfuerzo, incluso las buenas, que parecen fáciles. Lo sabemos, pero ¿somos realmente conscientes de ello?

Cultivar una relación requiere tiempo, esfuerzo y conocimiento. El conocimiento es inteligencia emocional. Si quiere tener una relación duradera, que mejore con el tiempo y que satisfaga tanto sus necesidades como las de la otra persona, la última habilidad de CE —gestión de las relaciones— es justo lo que necesita.

Afortunadamente, esta habilidad de gestión de las relaciones puede aprenderse, y está muy relacionada con las otras tres habilidades de CE con las que ya está familiarizado; es decir, autoconocimiento, autogestión y conciencia social. Utilice sus habilidades de autoconocimiento para identificar sus sentimientos y juzgar si sus necesidades están siendo satisfechas. Utilice sus habilidades de autogestión para expresar sus sentimientos y actúe en consecuencia para beneficiar la conexión. Por último, utilice sus habilidades de conciencia social para comprender mejor las necesidades y sentimientos de los demás.

Al fin y al cabo, no somos ermitaños; las relaciones constituyen una parte esencial y satisfactoria de nuestra vida. Puesto que somos la mitad de una relación, somos la mitad de responsables de profundizar en esas conexiones. Las 17 estrategias siguientes le ayudarán a trabajar en lo que es más importante para hacer que las relaciones funcionen.

ESTRATEGIAS DE GESTIÓN DE LAS RELACIONES

1. Muéstrese abierto y curioso.
2. Mejore su estilo de comunicación natural.
3. Evite emitir señales confusas.
4. Acuérdese de las pequeñas cosas que son muy importantes.
5. Sepa encajar el feedback.
6. Desarrolle confianza.
7. Practique una política de «puertas abiertas».
8. Enójese solo intencionadamente.
9. No evite lo inevitable.
10. Reconozca los sentimientos de los demás.
11. Complemente las emociones o la situación de la otra persona.
12. Muestre reconocimiento.
13. Explique sus decisiones, no se limite a tomarlas.
14. Ofrezca un feedback directo y constructivo.
15. Alinee la intención con el impacto.
16. Cuando la conversación se ponga difícil, recurra a una frase «reparadora».
17. Aborde una conversación difícil.

1. Muéstrese abierto y curioso

Seguro que algunos lectores estarán pensando: «Vamos, anda, ¿tengo que mostrarme abierto y curioso con mis compañeros? ¿No puedo limitarme a trabajar en mis proyectos y en aquello para lo que me han contratado, y olvidarme de la parte emocional?». De hecho, establecer relaciones, desarrollarlas y mantenerlas forma parte del trabajo, aunque se trabaje con una sola persona.

Puede que mantener relaciones no esté en la descripción de su puesto y que ni siquiera le hayan hablado de ello, pero si quiere triunfar en su profesión, mostrarse abierto y curioso constituye una parte fundamental y clara de su trabajo.

Vamos a analizar lo que significa «abierto» en términos de gestión de las relaciones. Mostrarse abierto significa compartir información sobre nosotros con los demás. Puede utilizar sus habilidades de autogestión para decidir lo abierto que se mostrará y lo que compartirá, pero tenga en cuenta que abrirse a los demás puede resultarle muy beneficioso: si le conocen, es menos probable que le malinterpreten. Por ejemplo, si le gusta llegar cinco minutos antes a las reuniones, y le molesta que haya quien aparezca cuando ya han empezado, algunos podrían interpretar que es nervioso y demasiado estricto. Si esas personas supieran que en los primeros años de carrera estuvo usted en los marines, entenderían y tal vez incluso apreciarían su sentido de la puntualidad y de la educación. Quién sabe, ¡puede que acabara contagiándoles su puntualidad!

Pero no basta con ser un libro abierto; además, hay que interesarse por la historia de los demás. En otras palabras, hay que ser curioso. Cuanto más interés muestre por quienes le rodean y más sepa de ellos, más posibilidades tendrá de satisfacer sus necesidades y de no malinterpretarlas.

Cuando tenga que hacer preguntas, haga uso de sus habilidades de conciencia social para elegir un entorno y un momento adecuados. Utilice un tono inquisitivo, quizá similar al que utiliza Papá Noel cuando le pregunta a un niño lo que ha pedido para Navidad. El tono opuesto es sentencioso; si no lo cree, piense si alguien le ha hecho alguna vez una pregunta así: «¿Por qué diablos te has comprado una moto?» o «Dices que has estudiado filosofía... ¿y para qué?».

Cuando hace preguntas y su interlocutor se abre, no solo obtiene información que le ayudará a gestionar la relación, sino que además la otra persona apreciará el interés que ha mostrado por ella. Tanto si está empezando una nueva relación, como si se trata de una ya establecida o que está pasando por un bache, dedique unos minutos del día a identificar cuáles necesitan su atención, y procure mostrarse abierto y curioso con esas personas.

2. Mejore su estilo de comunicación natural

Tanto si es de los que les gusta dar su opinión, como si es de los que huyen de las discusiones, de su estilo de comunicación natural dependerán sus relaciones. Ahora tiene la oportunidad de utilizar sus habilidades de autoconocimiento, autogestión y conciencia social para modificar su estilo de comunicación natural.

En la parte superior de la página de un diario, describa cuál es su estilo natural. Puede ponerle el título que quiera. Piense qué opinión tienen sus amigos, familiares y colegas de su estilo. ¿Es un estilo franco, indirecto, cómodo, serio, ameno, discreto, controlado, dicharachero, intenso, curioso, fresco, entrometido? Lo sabe porque se lo habrán dicho en más de una ocasión.

En la parte izquierda de la hoja, anote las ventajas que tiene su estilo. Se trata de lo que la gente aprecia cuando se relaciona con usted. En la parte derecha, enumere los inconvenientes o lo que ha provocado confusión, reacciones raras o problemas.

Una vez que haya completado su lista, elija tres ventajas que puede utilizar para mejorar la comunicación. A continuación, elija tres inconvenientes, y piense cómo podría eliminarlos, minimizarlos o mejorarlos. Sea honesto y realista. Si necesita ayuda para averiguar aquello que le proporcionaría los mejores resultados, pregunte a sus amigos, compañeros de trabajo y familiares. Si hace público su plan, conseguirá involucrar a los demás, lo cual a su vez le ayudará a mejorar considerablemente sus relaciones.

3. Evite emitir señales confusas

Todos confiamos en los semáforos para atravesar sin riesgo cruces docenas de veces cada semana. Cuando el semáforo no funciona, o cuando la luz está en ámbar para indicar que hay que proceder con precaución, atravesar el cruce se convierte en una situación peligrosa y confusa. La gente duda, y cuando le toca el turno de cruzar, mira a todos lados antes de avanzar. Cuando el semáforo funciona, nos mostramos confiados porque tenemos muy claro lo que debemos hacer: esperar cuando está rojo y avanzar cuando está verde. Lo mismo ocurre con las señales que enviamos en nuestras relaciones.

Los sentimientos son sinceros y pueden aflorar a través de las reacciones y del lenguaje corporal, a pesar de las palabras utilizadas. Si dice a sus empleados que han hecho un gran trabajo con un tono de voz apagado y el ceño fruncido, no está siendo coherente; las palabras y el lenguaje corporal no se corresponden. La gente confía más en lo que ve que en lo que oye.

Aunque sea un buen autogestor, sus emociones salen a la superficie.

Cada día experimentamos miles de emociones, y el cerebro no puede analizarlas todas. Cuando habla con una persona, puede estar diciendo una cosa que tiene en mente, mientras que su cuerpo está reaccionando a una emoción que ha experimentado hace unos minutos.

Cuando decimos una cosa y nuestro cuerpo dice otra, estamos confundiendo y frustrando a los demás. Con el tiempo, esa confusión creará problemas de comunicación que afectarán a nuestras relaciones. Para resolver el problema de las señales confusas, tiene que utilizar sus habilidades de autoconocimiento e identificar sus emociones, y utilizar sus habilidades de autogestión para decidir qué sentimientos expresar y cómo expresarlos.

Algunas veces, sin embargo, no conviene que las señales se correspondan. Vamos a suponer que en una reunión se ha enfadado mucho y que en ese momento no es oportuno mostrar su emoción. Puede dejar la emoción en segundo plano por el momento, pero no puede ignorar el sentimiento para siempre. Tiene que elegir cuándo procede que exprese su enfado; es decir, cuando no vaya en su contra, sino que produzca los resultados más positivos. Si la emoción es muy intensa y no consigue evitar expresarla, lo mejor que puede hacer es explicar lo que ha ocurrido (por ejemplo: «Si parezco distraído, es porque no puedo dejar de pensar en una llamada muy desagradable que he tenido esta mañana»).

El mes que viene, procure sincronizar su tono y su lenguaje corporal con lo que realmente está tratando de decir. Tome nota mental de los momentos en los que dice que está bien pero su cuerpo, tono o postura están enviando señales totalmente distintas. Cuando se sorprenda enviando una señal confusa, reajústela para adecuarla o explíquela.

4. Acuérdese de las pequeñas cosas que son muy importantes

Resulta bastante obvio en cualquier informativo, reality show, comedia o periódico que los medios de comunicación actuales alimentan la idea de que la buena educación parece estar disminuyendo en la sociedad moderna. Con el deterioro de los buenos modales, cada vez hay menos expresiones de aprecio. Hoy en día, tanto en las relaciones laborales como en las personales, se dice mucho menos «por favor», «gracias» y «lo siento».

Muchos empleados afirmarán que nunca les han dado las gracias por sus contribuciones a la empresa, pero estarán de acuerdo en que un «gracias», un «por favor», e incluso un «lo siento» puede tener un impacto muy positivo en la moral.

Piense en las veces que realmente dice «gracias», «por favor», o «lo siento» cuando es necesario; si no lo hace con frecuencia, podría ser debido a una falta de tiempo o de hábito, o tal vez a causa de un ego herido. Empiece a desarrollar el hábito de incorporar más frases de ese tipo en sus relaciones. O, al menos, acostúmbrese, por favor, a utilizarlas más durante el día. Gracias.

5. Sepa encajar el feedback

El feedback es un don único. Puede ayudarnos a mejorar en aspectos que quizá no seríamos capaces de ver por nosotros mismos. Sin embargo, como no sabemos nunca lo que nos van a decir, algunas veces el feedback es como abrir un regalo y descubrir un par de medias de leopardo con lentejuelas rojas.

El elemento sorpresa puede cogernos desprevenidos, por lo que tenemos que utilizar nuestras habilidades de autoconocimiento a fin de prepararnos para ese momento. Pregúntese: «¿Cómo me siento cuando me cogen desprevenido? ¿Cómo lo demuestro?». Una vez que tengamos esa información, puede pasar a las habilidades de autogestión: «¿Qué respuesta tengo que elegir?».

Para ayudarle a encajar bien el feedback, vamos a analizarlo. En primer lugar, tiene que considerar la fuente del feedbak. Es probable que esa persona con la que trata tenga una perspectiva relevante —le conoce y le ha visto en acción— y tenga interés en verle mejorar.

Cuando reciba feedback, ponga en práctica sus habilidades de conciencia social para escuchar y entender lo que le están diciendo.

Haga preguntas aclaratorias y pida ejemplos para comprender mejor el punto de vista de esa persona. Tanto si está de acuerdo con lo que le ha dicho como si no, dele las gracias por haberlo compartido con usted, ya que hace falta casi tanto arte para ofrecer feedback como para recibirlo.

Una vez que haya recibido el feedback, utilice sus habilidades de autogestión para decidir sus próximos pasos; no tenga prisa por pasar a la acción. El tiempo puede ayudarle a asimilar la esencia del comentario, organizar sus sentimientos y pensamientos, y ayudarle a decidir lo que debe hacer en relación al feedback. ¿Se acuerda de las listas de emociones y de razonamientos?

Probablemente, recibir feedback es la parte más dura del proceso. Una vez que haya decidido lo que va a hacer con el feedback, siga adelante con sus planes. Los ajustes que realice indicarán a la persona que le ha proporcionado el feedback que ha valorado sus comentarios. Tómese en serio lo que le ha dicho y trate de poner en práctica sus sugerencias. Puede que sea la mejor forma de consolidar la relación con ella.

6. Desarrolle confianza

¿Le han pedido alguna vez que «practique» la confianza? Este sería el ejercicio: está frente a su pareja, a metro y medio de distancia y dándole la espalda. Cierra los ojos, cuenta hasta tres y se deja caer hacia atrás, hacia su pareja, para que le coja. Cuando le coge, todo el mundo sonríe y está encantado de que nadie haya salido malparado. ¡Si la confianza fuera un tema de brazos fuertes y equilibrio...!

En cierta ocasión, alguien dijo: «La confianza es un recurso peculiar; aumenta con el uso, en lugar de agotarse». La confianza es algo que tarda en construirse y puede perderse en segundos y quizá sea el objetivo más importante y más difícil a la hora de gestionar las relaciones.

¿Cómo se construye la confianza? Comunicación abierta; voluntad de compartir; congruencia de las palabras, los actos y el comportamiento; y responsabilidad en el cumplimiento de los acuerdos de la relación, entre otros consejos.

Resulta irónico que, en muchas relaciones, para desarrollar la confianza tenga que existir antes cierto nivel de confianza.

Para desarrollar confianza, utilice sus habilidades de autoconocimiento y autogestión para dar el primer paso y compartir algo sobre usted. Recuerde: tiene que ir compartiendo poco a poco; no tiene por qué ser un libro abierto.

Para gestionar sus relaciones, debe gestionar su confianza en los demás, y el nivel de confianza que tengan con usted es fundamental para intensificar su conexión con ellos. Cultivar las relaciones y desarrollar la confianza requiere tiempo. Tiene que identificar las relaciones que necesitan más confianza, y utilizar sus habilidades de autoconocimiento para identificar sus carencias. Utilice sus habilidades de conciencia social para preguntar a los demás qué se requiere para que confíen en usted, y preste mucha atención a la respuesta. Al preguntar, estará demostrando que la relación le importa, lo cual ayudará a aumentar la confianza y a consolidar los vínculos.

7. Practique una política de «puertas abiertas»

Vamos a repasar una lección de historia que quizá recuerde: la política de Puertas Abiertas se creó en 1899 ante el temor de Estados Unidos de perder sus privilegios comerciales en el Este. Estados Unidos declaró una «política de puertas abiertas», permitiendo el acceso de todos los países al mercado chino.

«Acceso» es una palabra importante que resume el concepto de «puertas abiertas». El acceso ha evolucionado rápidamente desde los acuerdos comerciales hasta el lugar de trabajo. Actualmente, la política de puertas abiertas da derecho a los empleados a hablar con quienes quieran a cualquier nivel, fomentando la comunicación ascendente a través del acceso directo y fácil a todos los que están por debajo en la estructura empresarial.

Pregunte a quienes están a su alrededor si tendría que adoptar una política de puertas abiertas para gestionar mejor sus relaciones. Si le dicen que debería ser más accesible y demostrarles que pueden tener conversaciones espontáneas con usted e informales, la adopción de esa política podría venirle como anillo al dedo.

Tenga en cuenta que tampoco hace falta que esté disponible para todo el mundo y en cualquier momento; basta con que comunique su política y se atenga a ella.

Utilice sus habilidades de autoconocimiento para identificar qué tal le va la política y hacer lo que sea necesario para que funcione. Las observaciones continuadas de los demás, esto es, conciencia social, también debería ayudarle a determinar si esa política funciona o no.

Recuerde: incrementar su accesibilidad solo puede mejorar sus relaciones, ya que abre literalmente la puerta a la comunicación, aunque sea virtual (mediante un correo electrónico o por teléfono). Los demás se sentirán valorados y respetados por el tiempo que les concede, y usted tendrá la oportunidad de conocerles mejor. En definitiva, la política será beneficiosa para usted y para quienes le rodean.

8. Enójese solo intencionadamente

«Cualquiera puede enfadarse, es fácil. Pero enfadarse con la persona adecuada, en la medida adecuada, en el momento adecuado, con la intención adecuada y de la forma adecuada, eso no es tan fácil.»

Podemos dar las gracias al filósofo griego Aristóteles por estas palabras, así como por sus importantes aportaciones sobre la gestión de las emociones y las relaciones. Si puede controlarlas, considere su camino hacia el CE un éxito. La ira es una emoción que existe por una razón; no hay que ignorarla o reprimirla. Si se gestiona correctamente y se utiliza deliberadamente, puede ser muy beneficiosa para las relaciones. De verdad.

Piense en el entrenador de fútbol que, en la media parte, va al grano cuando habla con su equipo. Sus severos comentarios llaman la atención de los jugadores y les mantiene concentrados en la segunda parte. El equipo vuelve al terreno de juego renovado, reorientado y dispuesto a ganar. En este caso, el entrenador ha gestionado sus emociones para motivar la acción de sus jugadores.

Expresar la ira de forma adecuada puede comunicar los sentimientos más intensos y recordar al entorno la gravedad de la situación. Enfadarse demasiado o cuando no toca, sin embargo, incapacita al entorno para entrar en contacto con sus sentimientos.

Aprender a utilizar una emoción intensa, como la ira, en beneficio de las relaciones lleva tiempo, porque afortunadamente no hay tantas oportunidades de ponerla en práctica. Esta estrategia requiere mucha preparación de fondo, empezando por ser consciente de la ira.

Utilice sus habilidades de autoconocimiento para pensar en ello y definir sus distintos grados de ira, desde lo que le molesta un poco hasta lo que le saca de sus casillas. Escríbalo y elija palabras concretas y específicas, y luego ponga ejemplos que aclaren cuándo se ha sentido así. Piense en qué situaciones debería mostrar su enojo, basándose en el criterio de que si lo comparte, en cierta forma, su relación mejorará. Cuando tome sus decisiones, utilice sus habilidades de conciencia social para pensar en las otras personas involucradas y en sus respuestas.

Recuerde: para gestionar las relaciones hay que tomar decisiones, y actuar con el objetivo de crear una conexión profunda y honesta con los demás.

Para ello hay que ser honesto con los demás y con uno mismo, lo cual algunas veces significa utilizar la ira intencionadamente.

9. No evite lo inevitable

Marge y usted trabajan en el mismo departamento de logística. No la soporta; si pudiera apretar un botón y enviarla a otro departamento, lo habría hecho hace años. El problema es que tal botón no existe y además no hay ninguna posibilidad de cambio. Para añadir más leña al fuego, su jefe acaba de asignarles un proyecto en el que tienen que trabajar juntos. Marge le propone comer juntos para hablar de los próximos pasos, y usted enumera rápidamente los diversos motivos por los que no le es posible. Acaba de quitarse de encima Marge, pero ¿ahora qué? Lo cierto es que siguen estando juntos en el proyecto y que deben trabajar codo con codo.

Aquí es cuando las habilidades de gestión de las relaciones son absolutamente necesarias, porque aunque tal vez no elegiría a Marge como amiga, en ese momento ambos son responsables del mismo proyecto. Le proponemos una estrategia básica para trabajar con Marge: no evitarla a ella ni la situación. Debe aceptarla y tomar la decisión de utilizar sus habilidades de CE para avanzar con ella.

Deberá controlar sus emociones, y tomar decisiones sobre cómo gestionar esas emociones. Puesto que no está solo en el proyecto, haga uso de sus habilidades de conciencia social para llevarse lo mejor posible con Marge y ponerse en su piel. Quede con ella para averiguar qué experiencia puede ofrecer y conocer sus preferencias para trabajar con usted en ese proyecto. Observe su lenguaje corporal para ver cómo le responde, aunque lo que descubra le resulte frustrante. Puede que sea un poco doloroso, pero le permitirá preparar el terreno para desarrollar una buena relación laboral.

A continuación, comparta con ella sus preferencias para gestionar el proyecto y llegue a un acuerdo. No tiene por qué decir a Marge que no le cae bien; basta con que le indique que le gustaría trabajar de forma independiente en partes separadas del proyecto e ir reuniéndose de vez en cuando para comprobar que ambos siguen en la misma línea. Si Marge está de acuerdo, su proceso de trabajo habrá concluido con éxito. Si no está de acuerdo, habrá llegado el momento de aplicar más habilidades de autogestión y de conciencia social hasta que lleguen a un arreglo.

Si en el proceso se siente frustrado (y hay muchas posibilidades de que así sea), pregúntese por qué y decida qué va a hacer al respecto.

Vuelva a reunirse con Marge, y recuérdense mutuamente el objetivo del proyecto. Al finalizarlo, busque la manera de reconocer que lo han conseguido juntos.

10. Reconozca los sentimientos de los demás

Si tiene fama de ser terrible con las relaciones, esta estrategia de CE puede servirle para empezar a mejorar. Vamos a suponer que una mañana se encuentra en el aparcamiento de la empresa y ve que su compañera Jessi sale llorando de su coche, que acaba de aparcar justo al lado del suyo. Le pregunta si está bien, y ella le responde que no. Usted se limita a decirle: «Bueno, seguro que con el trabajo te olvidas. Nos vemos dentro». Más tarde se pregunta por qué Jessi ha estado evitándole durante el resto del día.

Una de las claves para gestionar las relaciones es hacer un esfuerzo y tomarse unos minutos para reconocer, no reprimir o modificar, los sentimientos de la otra persona. De haber dicho a Jessi: «Siento que estés mal. ¿Qué puedo hacer?», le habría transmitido que si llorar es lo que necesita, está dispuesto a proporcionarle un pañuelo. Gestos tan sencillos como ese reconocen las emociones sin exagerarlas, infravalorarlas u obviarlas. Todos tienen derecho a mostrar sus sentimientos, aunque usted no sienta lo mismo.

No es preciso que esté de acuerdo con los sentimientos de los demás, pero tiene que reconocerlos como legítimos y respetarlos.

Para ayudarle a validar los sentimientos de una persona, vamos a tomar el ejemplo de Jessi. Utilizando sus habilidades de conciencia social, escúchela con mucha atención y resúmale lo que le acaba de decir. De ese modo, no solo demostrará que sabe escuchar, sino también que es un experto en gestión de relaciones porque ha conseguido hacerle ver que le importa y le interesa.

Acabará teniendo una mejor conexión con Jessi y habrá logrado calmarla, y solo ha necesitado algo de tiempo para prestarle atención y descubrir sus sentimientos.

11. Complemente las emociones o la situación de la otra persona

Si llama a su compañía eléctrica y explica sin alterarse que ha habido un error en su factura mensual, en su opinión el responsable del departamento de atención al cliente se mostrará servicial, amable y educado con su solicitud.

Vamos a suponer que hace la misma llamada, pero que esta vez está de un humor terrible. Se siente irritado por el error. Lleva diez minutos en espera, lo cual no ayuda. Cuando finalmente le atiende el responsable, puede apreciarlo en su voz. Al hablar, parece muy serio, como si quisiera resolver su queja rápidamente. Usted aprecia su profesionalidad y eficacia, elimina ese problema de su lista y pasa a otra cosa. A ese empleado del departamento de atención al cliente se le da muy bien captar las pistas y adaptarse a ellas para ofrecer un servicio rápido y eficaz, lo cual beneficia tanto al cliente como a la compañía. Y su elevado CE le convierte en un profesional valorado y con posibilidades promocionarse.

Lo que ha hecho exactamente es aplicar una estrategia de gestión de las relaciones que requiere habilidades de conciencia social; es decir: escuchar, estar presente, ponerse en el lugar de la otra persona, identificar su estado emocional, y elegir una respuesta apropiada y complementaria. Esto último, elegir una respuesta complementaria, no le obligará a corresponder o imitar las emociones de su interlocutor; no tendría ningún sentido que el empleado del departamento de atención al cliente utilizara el mismo enfoque impaciente que usted, ya que ello le irritaría aún más. Imitar las emociones también provoca el rechazo de los compañeros de trabajo y de los amigos. La respuesta complementaria indica que se reconocen los sentimientos de la otra persona y se consideran importantes.

Para practicar emociones complementarias en sus relaciones, piense en un par de situaciones emocionales que haya experimentado que fuesen bastante claras, y en las que al menos hubiera una persona presente. ¿Cómo respondió ella? Su respuesta, ¿mejoró o empeoró su humor? ¿Fue esa persona capaz de complementar su estado emocional? Una vez que pueda responder a estas preguntas, le tocará a usted complementar las emociones de otras personas en las situaciones a las que se enfrenten. Dese un par de semanas ante estar listo para los que tiene más cerca, sus compañeros de trabajo o su familia.

Dígase a sí mismo que debe ver cómo se sienten y estar ahí para ayudar a sus colegas y familiares. Tanto si está contento como preocupado por ellos, demostrará que es sensible y que le importa lo que les sucede.

12. Muestre reconocimiento

Esta es una historia real, dedicada a los aspirantes a tener un elevado CE de todo el mundo. Una mañana subía medio dormido en el ascensor de mi empresa dispuesto a empezar un nuevo día. La noche anterior había sido larga; había estado trabajando hasta muy tarde para terminar algunos proyectos para mi jefa. Al llegar a mi despacho, encontré sobre la mesa una galleta de chocolate blanco y negro y una tarjeta en la que leí: «Gracias por "tapar agujeros"». Era de mi jefa. Es una persona que está muy ocupada y que tiene que hacer malabarismos para compaginar su vida laboral y su vida familiar. Realmente me conmovió ver que había encontrado unos minutos para ir a la pastelería y llegar pronto por la mañana para dejar una galleta sobre mi mesa. Casi lloré de emoción.

Este es uno de esos detalles sencillos, que tienen un gran valor. Esa galleta me motivó para trabajar todavía más y logró que, además, lo hiciera contento y con toda mi lealtad.

Todos conocemos anécdotas similares, pero la estrategia siempre es la misma. Hay gente que cada día hace un trabajo magnífico para nosotros. Si es consciente de ello, demuéstrelo.

No vacile ni lo deje para la próxima semana. Hágalo esta semana o incluso hoy mismo. Cosas tan simples como una tarjeta de agradecimiento u otro detalle, barato pero significativo, que demuestra cómo se siente, es todo lo que necesita para incidir en una relación y fortalecerla.

13. Explique sus decisiones, no se limite a tomarlas

Da miedo estar completamente a oscuras en un lugar con el que no estás familiarizado. Veamos un ejemplo: ¿ha llegado alguna vez a un camping de noche? Es realmente difícil orientarse, tienes que montar la tienda a tientas, y como estás al aire libre, todo está en silencio y muy oscuro. Te vas a dormir con un ojo abierto y confías en que todo vaya bien.

Al día siguiente, te despiertas cansado, abres la tienda y te sorprende la belleza que te rodea: abundancia de agua, montañas, hileras de árboles y preciosos animalitos. No hay nada que temer; enseguida te olvidas del temor de la noche anterior, y te dispones a empezar el nuevo día. ¿Por qué estaría yo tan preocupado?

La única diferencia entre estos dos escenarios es la luz; el sitio es el mismo, estábamos con la misma gente y contábamos con el mismo equipo de camping. Esto es lo que experimentamos cuando toman decisiones por nosotros. Cuando estamos a oscuras, intencionadamente o no, ante la posibilidad de futuros despidos, negociaciones contractuales, etcétera, podemos sentirnos como si estuviéramos acampando a oscuras.

Si hay despidos que incrementan nuestra carga de trabajo o nos obligan a cambiar de turno, nos enteraremos cuando se repartan las notificaciones. Si hay otra cláusula en nuestro contrato, nos enteraremos en la próxima nómina. No podemos recurrir, no hay período de prueba. Nos lo dan hecho.

Se trata de una píldora difícil de tragar porque ni somos niños ni somos dependientes; somos adultos. Para apoyar una idea, tenemos que saber por qué se ha tomado la decisión.

Téngalo en cuenta cuando utilice su CE para gestionar sus relaciones. En lugar de hacer un cambio y esperar que los demás lo acepten, dedique un tiempo a explicar en qué ha fundamentado esa decisión, incluidas las alternativas, y por qué ha optado por la decisión final. Si antes puede pedir ideas o sugerencias, todavía mejor. Por último, tiene que prever cómo afectará la decisión a los demás. Apreciarán esa transparencia y franqueza, aunque la decisión tenga un impacto negativo en ellos. Además, la transparencia y la franqueza harán que los demás sientan que confía en ellos, que les respeta, y se sentirán conectados con su organización; es preferible eso a decirles lo que tienen que hacer y mantenerles en la oscuridad.

Si está acostumbrado a tomar decisiones deprisa y por su cuenta, es probable que sea muy competente. Si bien es muy difícil abandonar los viejos hábitos, ya que están profundamente arraigados en el cerebro, ha llegado el momento de actualizarse y de añadir competencia social a su repertorio de toma de decisiones.

En primer lugar, tendrá que identificar sus próximas decisiones. Saque la agenda para echar una ojeada a los tres próximos

meses e identificar qué decisiones tendrá que tomar en ese período. Luego retroceda y piense quién va a verse afectado por esas
decisiones. Haga una lista completa de a quién implicará cada decisión, y planifique cuándo y dónde hablará con ellos de cada una,
incluyendo los detalles que explican el porqué y el cómo de cada
decisión que tomará. Si es preciso que convoque a alguien a una
reunión especial, hágalo. Cuando planifique su agenda y medite
sus palabras, utilice sus habilidades de conciencia social para
ponerse en el lugar de los otros, a fin de poder hablar con su
audiencia antes y después de tomar la decisión, tal como los demás esperan y desean.

14. Ofrezca un feedback directo y constructivo

Piense en el mejor feedback que ha recibido en su vida. Quizá no
era algo que necesariamente quería o esperaba, pero desde ese
momento, se produjo una diferencia en su comportamiento. El
feedback podría haber condicionado toda su actuación, o su forma de afrontar una situación particular, o incluso su carrera. ¿Qué
hizo que el feedback fuera tan bueno?

Si tiene que proporcionar feedback con frecuencia, hay varios
libros que pueden acompañarle a lo largo del proceso, y garanti-
zarle que esté dentro de las directrices legales y de recursos humanos. Siéntese, tenemos noticias para usted: seguir las directrices legales no es lo que hace que el feedback sea una experiencia
de cambio de la persona o de su rendimiento; infundir sus conocimientos de CE, sin embargo, sí lo es.

Así es como hay que considerar el feedback y el CE; proporcionar feedback consolida las relaciones y, para ser efectivo, precisa de las cuatro habilidades de CE. Utilice sus habilidades de
autoconocimiento para identificar los sentimientos que genera

en usted el feedback. ¿Se siente cómodo con el proceso? ¿Por qué sí o por qué no?

A continuación utilice sus habilidades de autogestión para decidir qué hará con la información que acaba de obtener sobre sí mismo, al responder a las preguntas anteriores. Por ejemplo, si está nervioso porque tiene que decir lo que piensa sobre el protocolo empresarial para atender al teléfono y no quiere que la gente crea que escucha a escondidas, ¿cómo piensa superar este nerviosismo para dar su opinión de una forma segura? Depende de usted, pero no ignore el feedback por la incomodidad que le produce.

A continuación, utilice sus habilidades de conciencia social para pensar en la persona que va a recibir el feedback. Recuerde, el feedback tiene que hacer referencia al problema, no a la persona. ¿Cómo tiene que ser su mensaje para que resulte claro, directo, constructivo y respetuoso? El feedback constructivo tiene dos partes: compartir la opinión y ofrecer soluciones de cambio. Vamos a ver el caso de Todd, por ejemplo: es tan directo que le parecería insultante que usted se andara con rodeos para decirle que debe mejorar sus comunicaciones telefónicas. Pero si disfrazar malas noticias está dentro de su plan de mejora, considere compartir feedback con él abiertamente, para que pueda apreciar la diferencia y aprender de ella.

Jenni, sin embargo, es muy sensible. Puesto que se trata de una experiencia para consolidar la relación, tenga muy presente a Jenni cuando planifique su feedback. De entrada, empezar las frases con expresiones como «creo» o «pienso» o «esta vez» puede suavizar el golpe. En lugar de decirle: «Tu informe es terrible», dígale: «Creo que hay partes de tu informe que habría que revisar. ¿Puedo hacer algunas sugerencias?». En este caso, ofrecer sugerencias para mejorar es útil, no preceptivo. Al final, pregúntele qué piensa, y dele las gracias por considerar sus sugerencias.

15. Alinee la intención con el impacto

Vamos a suponer que está en una reunión de trabajo y que el siguiente tema de la agenda es averiguar la causa del incumplimiento de determinados plazos. Después de abordar la cuestión, parece evidente que Ana podría tener parte de culpa, y en la sala ha empezado a aumentar la tensión. En un intento honesto por aliviarla, quizá usted diga: «Caramba, Ana, ¡parece que finalmente esas comidas tan largas te están pasando factura!».

En lugar de risas, se produce un silencio sepulcral. No entiende qué ha hecho mal, y luego le dice a Ana que solo estaba bromeando, pero ella parece dolida. Se trata de las típicas últimas palabras de alguien que tenía buenas intenciones, pero cuyo resultado, o impacto, no ha sido el esperado. Y ahora es demasiado tarde para lamentarse.

O piense en la directiva obsesionada por los resultados, que tiene buenas intenciones y que intenta que su equipo consiga objetivos cada vez más ambiciosos. Está tan obsesionada con el éxito que se vuelca por completo en su trabajo (haciéndolo casi todo ella o presionando a todo el mundo para que lo haga a su manera), sin preocuparse de cómo delegar responsabilidades en los demás.

Su equipo cree que es una jefa quisquillosa, ambiciosa y obsesiva que no comparte información, cuando en realidad su intención es que el equipo aprenda de ella y lo haga bien. De nuevo, las intenciones son buenas pero producen el efecto contrario. Las relaciones se han deteriorado y la directiva no sabe por qué su equipo está resentido con ella.

Si tiene la impresión de que trata de suavizar las cosas para arreglar una relación, o no está seguro de lo que pasa con sus relaciones, sepa que estas situaciones se pueden evitar. Con la ayuda de sus habilidades de conciencia y de gestión, haciendo pequeños ajustes notará un cambio muy importante.

Para alinear las palabras y los actos con la intención, hay que utilizar las habilidades de conciencia social y de autogestión con el fin de observar la situación y a las personas involucradas en ella, pensar antes de hablar y actuar, y dar una respuesta apropiada y sensible. Debe hacer un análisis rápido. Piense en una situación en la que el impacto de lo que se dijo o hizo no fue el que se pretendía. En una hoja, describa el incidente, las intenciones, las acciones y el impacto, así como el resultado final o la reacción de los demás. A continuación, escriba lo que se pasó por alto en la situación, y también lo que ahora, retrospectivamente, sí que se ve, incluidas las pistas que se obviaron, lo que aprendió de sí mismo y de los demás. Por último, escriba lo que se podría haber hecho de diferente manera para mantener la intención y el impacto alineados. Si duda, pregunte a alguien que estuviera involucrado en la situación.

En el caso de Ana, usted no cayó en la cuenta de que no era el momento adecuado para hacer una broma. Le llamó la atención públicamente. La próxima vez, si quiere aliviar la tensión, bromee a costa de usted, no de otra persona. En cuanto a la directiva orientada a los resultados, no sabía lo que motivaba a los miembros de su equipo. No les dio espacio ni tiempo para aprender y crecer por sí mismos. Para gestionar mejor las relaciones, es muy importante identificar esos desajustes antes de actuar, a fin de que el impacto de las acciones se correspondan con las buenas intenciones.

16. Cuando la conversación se ponga difícil, recurra a una frase «reparadora»

Las compañías aéreas suelen ser el máximo exponente de las inevitables malas noticias por excelencia: retrasos debidos a las condiciones meteorológicas o a problemas mecánicos, pérdida de equipajes, *overbooking*... Y la lista continúa. Las compañías aéreas tratan de reparar tus malas experiencias con «apaños» o estrategias —como cambios de reservas y vales— para resolver problemas y conseguir el objetivo último de llevarnos a nuestro destino.

Probablemente, todos nosotros, en el transcurso de una conversación, hemos tenido que hacer uso de una frase «reparadora», una frase para arreglar la situación. Una charla puede acabar convirtiéndose en una discusión o no avanzar y estancarse en el mismo tema. En este tipo de conversaciones, es normal que salgan a la superficie errores del pasado, que se hagan reproches y que la culpa esté presente. Da igual quién ha dicho qué o quién ha empezado, lo importante es volver a centrarse en el tema y seguir adelante. Alguien tiene que dar un paso atrás, evaluar rápidamente la situación y reconducir la conversación con una frase «reparadora».

Para ello, hay que dejar a un lado la culpa y concentrarse en arreglar la situación. ¿Quiere tener razón o quiere una resolución? Utilice sus habilidades de autoconocimiento para descubrir lo que está aportando a la misma; use sus habilidades de autogestión para dejar sus tendencias a un lado y elegir el camino adecuado. Sus habilidades de conciencia social pueden ayudarle a identificar lo que la otra persona ha aportado o está sintiendo. Tener en cuenta las dos partes le ayudará a descubrir en qué momento se ha roto la interacción y qué frase «reparadora» tiene que pronunciar. Las frases «reparadoras» se reciben como una bocanada de aire fresco, tienen un tono neutral y responden a intereses comunes. Una frase «reparadora» puede ser tan simple como decir: «Sí que es complicado», o preguntar a la otra persona cómo se siente. Muchas conversaciones pueden beneficiarse de una frase reparadora y, además, esta no hará ningún daño si usted cree que la conversación no avanza por buen camino.

Esta estrategia le ayudará a mantener las líneas de comunicación abiertas cuando esté disgustado, y con esfuerzo y práctica conscientes, podrá «reparar» sus conversaciones antes de que se estropeen sin remedio.

17. Aborde una conversación difícil

«¿Por qué no me han promocionado?», le pregunta Judith, miembro de su equipo, con un tono ligeramente defensivo, una actitud herida y la voz temblorosa. Esto va a ser duro. La noticia de la promoción de Roger ha corrido muy deprisa, y no ha tenido tiempo de decírselo a Judith. Valora a Judith y su trabajo, pero va a tener que explicarle que todavía no está preparada para el próximo nivel. Y esta no es la parte más difícil de la conversación; el control de daños es otra historia.

De la sala de juntas a la sala de descanso saldrán a la luz conversaciones difíciles, y es posible abordarlas tranquilamente y con efectividad. Las conversaciones difíciles son inevitables; olvídese de esquinarlas porque seguro que acaban pillándole. Si bien las habilidades de CE no pueden hacer desaparecer esas conversaciones, la adquisición de algunas habilidades nuevas seguramente le facilitará que resulten mucho más fáciles de manejar sin arruinar la relación.

1. **Empiece mostrándose de acuerdo.** Si sabe que es muy probable que acaben discrepando, empiece la discusión partiendo del terreno común que comparten. Aunque solo sea convenir en que la discusión va a ser difícil pero importante o coincidir en un objetivo compartido, hay que crear un sentimiento de acuerdo. Por ejemplo: «Judith, antes que nada quiero que sepas que te valoro mucho, y que lamento

que te enteraras de la noticia por otra persona. Me gustaría aprovechar este momento para explicarte la situación, y cuanto quieras que te aclare. También me gustaría conocer tu opinión».

2. **Pedir a la otra persona que le ayude a entender su punto de vista.** A todos nos gusta que nos escuchen; si sentimos que no nos escuchan, aparece la frustración. Antes que la frustración entre en escena, debe erradicarla y pedir a su interlocutor que comparta su punto de vista. Gestione sus sentimientos como pueda, pero concéntrese en comprender el punto de vista del otro. En el caso de Judith, podría decirle: «Judith, quiero aprovechar la ocasión para asegurarme de que te sientes cómoda compartiendo conmigo lo que piensas. Me gustaría estar seguro de entender tu punto de vista». Al pedir a Judith su opinión, está demostrando que le importa y que tiene interés en saber más de ella. Es una magnífica oportunidad para profundizar y gestionar su relación con Judith.

3. **Resista la tentación de exculparse o de responder con una respuesta aguda.** El cerebro no puede escuchar y prepararse para hablar al mismo tiempo. Utilice sus habilidades de autogestión para silenciar su voz interior y dirigir su atención a la persona que tiene delante. En este caso, Judith no ha sido promocionada a un puesto que le interesaba mucho y se ha enterado por terceras personas. Afróntelo. Si quiere preservar la relación, deberá mantener la calma, aguantar y escuchar su reacción y su decepción, y resistir la tentación de defenderse.

4. **Ayude a la otra persona a entender por su parte el punto de vista de usted.** Ahora es su turno. Describa lo que le incomoda, sus pensamientos, sus ideas, y los motivos que están detrás de su argumentación. Comuníquese de una

forma clara y simple; no hable dando rodeos o en clave. En el caso de Judith, lo que le diga puede ser un feedback magnífico para ella, y lo merece. Explicarle que Roger tiene más experiencia y que es más adecuado para el trabajo en ese momento es un mensaje apropiado. Puesto que la noticia de su promoción le ha llegado de una forma un tanto desagradable, tiene que ofrecerle una disculpa. Esta habilidad para explicar los propios pensamientos y abordar directamente los de los demás de una forma compasiva en una situación difícil es fundamental en la gestión de una relación.

5. **Haga que la conversación avance.** Una vez expuestos los dos puntos de vista, aunque no coincidan, alguien tiene que hacer que la conversación continúe. En el caso de Judith, le toca a usted. Trate de volver a encontrar un terreno común. Puede decir algo así: «Bueno, me alegro mucho de que hayas acudido a mí directamente y de que hayamos tenido la oportunidad de hablar de ello. Entiendo tu postura, y parece que tú también entiendes la mía. Sigo estando muy interesado en tu carrera y me gustaría trabajar contigo para que adquieras la experiencia que necesitas. ¿Qué te parece?».

6. **Mantenga el contacto.** La resolución de una conversación difícil necesita más atención una vez que esta ha finalizado, de manera que es muy importante comprobar a menudo el progreso, preguntar a la otra persona si está satisfecha y mantener el contacto. Debe tener en cuenta que es la mitad de lo que hace falta para que la relación se mantenga y funcione sin problemas. En el caso de Judith, si se reúne con ella con regularidad para hablar de los progresos de su carrera y de sus posibilidades de promoción, continuará demostrándole que se interesa por ella y por su avance.

En definitiva, cuando afronte una conversación difícil, prepárese para mostrarse respetuoso, no esté a la defensiva y manténgase receptivo practicando las estrategias anteriores. En lugar de perder terreno con una persona en una conversación de este tipo, puede lograr que sea una ocasión magnífica para consolidar la relación.

Epílogo

La realidad de los hechos: un repaso a los últimos descubrimientos en inteligencia emocional

Cuando TalentSmart publicó el Test de Evaluación de la Inteligencia Emocional, el CE estaba empezando a hacerse un hueco en la mente de los líderes empresariales, de otros profesionales y de todos aquellos que, simplemente, querían gozar de una vida más feliz y más sana. Al ofrecer la posibilidad de medir el CE y al mismo tiempo explicar cómo podía mejorarse, muy pronto el Test de Evaluación de la Inteligencia Emocional se convirtió en el vehículo que daba a la gente la oportunidad de transformar su recién descubierto dominio emocional, en relaciones reforzadas, mejores decisiones, liderazgo más fuerte y, en último término, organizaciones más exitosas. En Talent-Smart, hemos constatado que centenares de miles de personas, situadas tanto en los puestos más bajos como en los más altos de las organizaciones, han recorrido el camino hacia un CE más elevado.

Desde entonces, el campo del desarrollo de las habilidades de CE ha cambiado mucho, y nosotros hemos tenido un interés especial en seguir la evolución de esos cambios. Lo que hemos descubierto en nuestros estudios nos ha sorprendido a veces y casi siempre nos ha animado.

Una constante de todos esos descubrimientos es el importante papel que desempeñan las habilidades de CE en la búsqueda de una vida personal y profesional feliz, saludable y productiva. En concreto, nuestra investigación aporta nueva luz sobre la batalla de los sexos, la brecha generacional, la búsqueda del progreso profesional y de empleos mejor pagados, y nos da pistas sobre los países que pueden tener más éxito en el futuro en una economía cada vez más globalizada. Todas ellas ofrecen esperanza para los que quieren mejorar sus habilidades de CE.

Esto es lo que hemos descubierto...

Se están fundiendo los polos: CE antes y ahora

A finales de 2008, estudiamos a fondo el cambio que había experimentado el CE colectivo de la población norteamericana desde 2003. Si bien no nos sorprendió ver que aquellos a los que habíamos preguntado y enseñado habían mejorado su CE, sí nos sorprendió constatar que las puntuaciones de CE de los novatos aumentaban cada año que pasaba. Y el aumento continuaba, año tras año; de hecho, las puntuaciones de CE de aquellos a los que nunca habíamos preguntado o enseñado experimentaban un lento y continuado ascenso. Descubrimos que entre 2003 y 2007 se había producido un aumento sustancial de la inteligencia emocional de los trabajadores asalariados de Estados Unidos.

Los más escépticos estarán tentados de echar un vistazo al gráfico y decir: «¡No hay para tanto, no es más que un incremento de cuatro puntos en cinco años!».

INTELIGENCIA EMOCIONAL

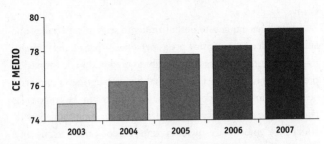

Sin embargo, piense en el impacto que un aumento de la temperatura aparentemente pequeño —pongamos uno o dos grados— tiene en nuestro ecosistema. Lo mismo cabe aplicar en relación con el comportamiento humano en el lugar de trabajo, en el que están empezando a fundirse los polos congelados de la baja inteligencia emocional.

Si analizamos un poco más detenidamente los cambios específicos que han provocado los aumentos del CE, se pone de manifiesto el auténtico poder de la transformación. En los últimos cinco años, hemos detectado un aumento de las personas que son plenamente conscientes de sus propias emociones y de las emociones de los demás del 13,7 por ciento al 18,3 por ciento. Durante el mismo período, el porcentaje de individuos con un escaso conocimiento de en qué medida la ansiedad, la frustración y la rabia influyen en su comportamiento ha caído del 31 al 14 por ciento. Si aplicamos estas proporciones a los 180 millones de trabajadores que hay en Estados Unidos, observamos que casi 9 millones de individuos más que en 2003 casi siempre mantienen la compostura en situaciones conflictivas; otros 9 millones demuestran que se preocupan por sus compañeros de trabajo y por sus clientes cuando pasan por momentos difíciles; y algo menos de 25 millones de individuos son totalmente ajenos al impacto que su comportamiento tiene en los demás.

Lo que hace que este descubrimiento sea tan especial es que antes de realizar el test, muy pocas personas —por no decir ninguna— de nuestra muestra había recibido ningún tipo de formación profesional en inteligencia emocional. Sin embargo, sus puntuaciones de CE no dejaban de aumentar, de año en año. Es como si las personas que practicaran intencionadamente comportamientos de inteligencia emocional estuvieran contagiando a otras personas que nunca habían oído hablar del concepto.

Año	Porcentaje de individuos altamente cualificados en CE	Porcentaje de individuos poco cualificados en CE
2003	13,7	31
2004	14,7	19
2005	14,8	18,5
2006	15,1	17,1
2007	18,3	14

Las habilidades de inteligencia emocional —como las emociones— se contagian. Esto significa que nuestras habilidades de CE dependen mucho de las personas y de las circunstancias que nos rodean. Cuanto más interactuamos con personas empáticas, más empáticos nos volvemos. Cuanto más tiempo pasamos con gente que habla abiertamente de las emociones, más capaces somos de identificar y comprender las emociones. Esto es precisamente lo que hace que la inteligencia emocional sea una habilidad que es posible aprender, y no un rasgo inalterable con el que solo unos cuantos han tenido la suerte de nacer.

Pero ahí se acabaron los buenos tiempos. En 2008 —por primera vez desde que empezamos a hacer el seguimiento— la inteligencia emocional colectiva cayó, poniendo de manifiesto la susceptibilidad de estas habilidades al cambio.

INTELIGENCIA EMOCIONAL

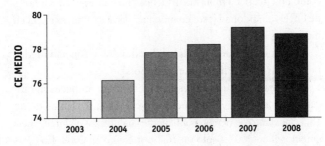

Los economistas federales señalaron diciembre de 2007 como el inicio de la peor economía de Estados Unidos en setenta años, lo cual significa que en 2008 no hubo un solo día sin recesión. La recaída de las habilidades de inteligencia emocional entre 2007 y 2008 es el producto de la crisis económica. Problemas de todo tipo —financieros, familiares y relacionados con el trabajo— crean emociones negativas más intensas y a menudo prolongadas que acaban resultando en estrés. Aparte de sus repercusiones físicas, como el aumento de peso y las afecciones cardíacas, el estrés también repercute negativamente en los recursos mentales. En condiciones normales, sin estrés, podemos dedicar conscientemente un esfuerzo adicional a permanecer tranquilos y serenos frente a las tribulaciones y los padecimientos de la vida cotidiana. Confiamos más en nuestra capacidad de hacer frente a situaciones inesperadas, y dejamos que la mente supere las complicaciones. El estrés incontrolado, sin embargo, consume muchos de estos recursos mentales. Reduce la mente a una especie de ley marcial en la que las emociones dictan el comportamiento, mientras que las capacidades racionales están muy ocupadas tratando de ver el lado bueno de las cosas. De pronto, un pequeño contratiempo en un proyecto de trabajo que, en épocas prósperas, podría haber tenido poca importancia se vive más como una catástrofe que como una pequeña molestia. Muchos creen que sus habilidades de CE les abandonan justo cuando más las necesitan; es decir, en momentos de estrés.

Solo quienes practican sus habilidades de CE con naturalidad pueden capear efectivamente el temporal.

Parece ser que este estrés está teniendo un impacto significativo en la inteligencia emocional colectiva. Pasamos de un 18,3 por ciento de personas altamente cualificadas en inteligencia emocional en 2007 a solo un 16,7 por ciento en 2008. En otras palabras, perdimos 2,8 millones de soldados altamente cualificados en la batalla por una sociedad más inteligente emocionalmente. Esos 2,8 millones de personas habrían podido servir de guías para mostrar a los demás el camino hacia comportamientos más emocionalmente inteligentes, y, sin embargo, tenían que luchar por mantener sus propias armas preparadas.

Año	Porcentaje de individuos altamente cualificados en CE	Porcentaje de individuos poco cualificados en CE
2003	13,7	31
2004	14,7	19
2005	14,8	18,5
2006	15,1	17,1
2007	18,3	14
2008	16,7	13,8

La batalla de los sexos: CE y género

Sheila empezó su carrera de consultora financiera especializada en asistencia sanitaria en una empresa de consultoría multinacional. A los pocos años de encandilar a los clientes y recibir críticas muy favorables de sus superiores, su empresa actual, una gran compañía de asistencia sanitaria regional del centro de Estados Unidos, la captó. A sus treinta y pocos años, Sheila es vicepresidenta asociada y va camino de convertirse en directora. Tanto sus superiores anteriores como los actuales coinciden en que Sheila no solo es «lista» sino que posee algo más, algo que no pueden especificar en qué consiste. Al principio de la carrera de consultoría de Sheila, después de haberla visto suavizar situaciones muy tensas con los clientes una y otra vez, su exjefe resumió el secreto del éxito de Sheila diciendo que, simplemente, «conecta con la gente».

En 2003 detectamos contrastes muy acusados entre las habilidades de CE expresadas por los hombres y las encontradas en mujeres como Sheila. Las mujeres superaban a los hombres en autogestión, conciencia social y gestión de las relaciones. De hecho, el autoconocimiento era la única habilidad de CE en la que los hombres eran capaces de estar a la altura de las mujeres.

Pero los tiempos han cambiado, y los hombres también.

Como demuestra el gráfico, hombres y mujeres están muy igualados en la capacidad de reconocer sus propias emociones, exactamente igual que en 2003. Pero los hombres han mejorado su capacidad de gestionar sus propias emociones. Este cambio solo puede atribuirse a una evolución en las normas sociales.

Esa evolución de las costumbres y la cultura ha beneficiado a los hombres. Actualmente, se anima a los hombres a pensar más en sus emociones, lo cual contribuye enormemente a aclarar sus ideas.

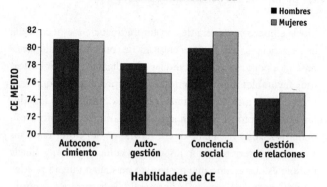

DIFERENCIAS DE GÉNERO EN CE

Como era de prever, constatamos que el 70 por ciento de los líderes hombres que entraban dentro del 15 por ciento de los que tenían una puntuación más alta en capacidad de decisión, también tenían la puntuación más alta en las habilidades de inteligencia emocional. Sin embargo, ni un solo líder hombre con un CE bajo estaba entre los que tomaban mejores decisiones. Aunque parece contradictorio, se ha demostrado que prestar atención a las propias emociones es la forma más lógica de tomar buenas decisiones. Por lo tanto, en lugar de pensar que dedicar tiempo a hacer frente al miedo o a la frustración es un signo de debilidad, en la actualidad los hombres son libres de entrar en contacto con sus emociones y familiarizarse con ellas, en aras de evaluar correctamente situaciones y circunstancias y sacar las conclusiones adecuadas.

Se está muy solo en la cumbre

Considerando la abundancia de textos disponible sobre CE, podría pensarse que a los ejecutivos corporativos tendría que dárseles bastante bien. Como revelamos en nuestro artículo «Heartless Bosses» publicado en *Harvard Business Review*, nuestra investigación demuestra que el mensaje sigue sin llegar. Hemos calculado el CE de medio millón de ejecutivos (incluidos mil directores generales), directivos y empleados de industrias de seis continentes. Las puntuaciones aumentan con los cargos, desde lo más bajo de la escala corporativa hasta los cuadros intermedios.

Los cuadros intermedios destacan, ya que presentan las mayores puntuaciones de CE de la fuerza laboral. Pero por encima de los cuadros intermedios hay una marcada caída en las puntuaciones de CE. Para el cargo de director y por encima de este, las puntuaciones descienden más deprisa que un esquiador por una pista negra. Los directores ejecutivos o CEOs, en promedio, tienen las puntuaciones de CE más bajas.

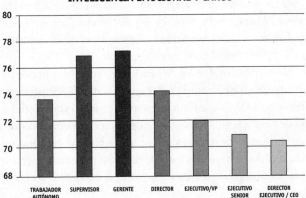

INTELIGENCIA EMOCIONAL Y CARGO

La función más importante de un líder es sacar adelante el trabajo con la ayuda de los demás. Cabría pensar, por lo tanto, que cuanto más alta es la posición, mayores son las capacidades. Sin embargo, es todo lo contrario.

A muchos líderes les promocionan por lo que saben o por el tiempo que llevan trabajado, en lugar de por su capacidad de dirigir a los demás. De hecho, cuando llegan a lo más alto, dedican mucho menos tiempo a interactuar con los empleados. Pero, entre los ejecutivos, los que tienen puntuaciones de CE más altas son los más eficaces. Hemos comprobado que las habilidades de CE son más importantes para el rendimiento laboral que cualquier otra habilidad de liderazgo. Lo mismo puede decirse de los distintos cargos: los que tienen las puntuaciones de CE más altas dentro de cada posición superan a sus homólogos.

La brecha generacional: CE y edad

En Estados Unidos, el éxito masivo del trabajo de la generación del *Baby boom* (es decir, de los nacidos entre 1946 y principios de los años sesenta) ya ha empezado. Según el U.S. Office of Personnel Management, entre 2006 y 2010 la jubilación de estos trabajadores habrá arrebatado a las empresas estadounidenses unos 290.000 empleados experimentados.

Pelos canosos, fondos de pensiones y recuerdos personales del asesinato de Kennedy no es lo único que el penoso motor económico de Estados Unidos perderá cuando esta generación se dedique a la vida tranquila. Esa generación ocupa la mayoría de los puestos de responsabilidad, y su jubilación crea una brecha de liderazgo que tendrán que cerrar las próximas generaciones. La pregunta es si los sucesores de esa generación aceptarán o no el desafío.

Quisimos averiguarlo. Para ello segmentamos las puntuaciones de CE en las cuatro generaciones que ocupan el mercado laboral en la actualidad; es decir, la generación Y (18-30 años), la generación X (31-43 años), la generación del *baby boom* (43-61) y los tradicionalistas (62-80 años). Cuando analizamos las habilidades de CE de cada uno de los grupos individualmente, observamos una enorme brecha en autogestión, entre la generación de los nacidos antes de los años sesenta y la generación Y. En pocas palabras, la generación de los nacidos antes de la década de los sesenta es mucho menos propensa a perder los estribos cuando las cosas no van como quisieran que las generaciones más jóvenes.

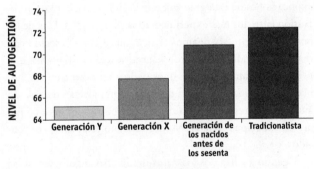

Aparentemente no debería ser motivo de preocupación. Al fin y al cabo, la jubilación ha sido una realidad desde que Roosevelt firmó la Ley de Seguridad Social. La generación que designó a Dennis Hopper como su portavoz extraoficial demostró ser perfectamente capaz de dar la talla. Por lo tanto, tiene que ser muy duro para los líderes que están esperando reemplazar a la generación *Easy Rider*.

Sin unas habilidades de gestión bien perfiladas, podría ser mucho más duro de lo que pensamos. Obviamente, si bien el enfoque de la generación Y puede ser distinto al de la generación de los nacidos antes de los años sesenta, muchos dirían que no es marcadamente peor. De hecho, si consideramos todo lo que sabe y lo preparada que está la generación Y, puede que incluso tenga ventaja sobre sus predecesores en la era de la información. No obstante, a estas alturas, ya tendría que estar muy claro que para ser un buen líder se requiere algo más que ser un wikipedia andante. Por lo tanto, si los de la generación Y no son capaces de autogestionarse, ¿cómo podemos esperar que sepan gestionar, y ya no digamos liderar, a los demás?

En TalentSmart estuvimos debatiendo mucho las posibles explicaciones de esta gran diferencia en la capacidad de autogestión entre los más experimentados y los noveles. Una de las posibilidades que barajamos es que, quizá, haber crecido con demasiados videojuegos, con la gratificación instantánea que proporciona internet y con unos padres sobreprotectores, hubiera creado una generación de trabajadores jóvenes demasiado autoindulgentes que no pueden evitar que afloren sus emociones en situaciones tensas. No obstante, no estábamos convencidos.

Cuando analizamos los datos desde otro ángulo, vimos las cosas muy claras. Las habilidades de autogestión van mejorando con la edad; así, los individuos de sesenta años tenían puntuaciones más altas que los de cincuenta, que a su vez tenían puntuaciones más altas que los de cuarenta, y así sucesivamente. Esto significa que las deficientes habilidades de autogestión de las generaciones más jóvenes tienen poco que ver con factores que no se pueden cambiar, como los efectos de haber crecido en la era de los iPod y de Facebook. Por otra parte, los de la generación X y los de la generación Y no han tenido tanta vida para practicar la gestión de sus emociones. Esa es una buena noticia porque la práctica es algo que los de la generación Y pueden conseguir. Volver atrás en el tiempo y cambiar su educación es complicado.

Este descubrimiento dice tanto de la naturaleza maleable del CE como de las diferencias entre generaciones. Si practica, cualquier persona —y muchas lo hacen— puede aprender a captar las emociones y gestionarlas.

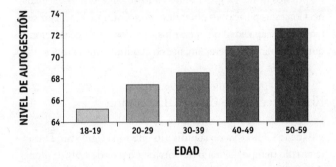

Desarrollar estas habilidades lleva tiempo, pero un poco de esfuerzo consciente puede acabar reduciendo ese tiempo a la mitad. Uno de los rasgos característicos de la generación Y es su enorme capacidad para asimilar información y adquirir habilidades nuevas. Esto significa que prácticamente depende de cada individuo hacer el esfuerzo necesario para acelerar el ritmo de desarrollo de su CE. Para los miembros de la generación Y, las opciones son dejar que los años de experiencia sigan su curso (esperar hasta haber llegado a la cincuentena para dominar sus emociones) o coger el timón de su propia evolución. Si deciden cogerlo, pueden empezar inmediatamente. Cuando los de la generación Y lleguen a la trentena, estarán preparados para liderar como veteranos experimentados.

Ante la inminente jubilación de la generación de los nacidos antes de los años sesenta, los talentosos veinteañeros no solo tienen la opción de prepararse para desempeñar cargos de liderazgo sino que deben hacerlo. Aquellos miembros de la generación Y que dediquen el tiempo y el esfuerzo necesarios a prepararse para resistir la tentación de hablar cuando con ello no va a mejorar una situación, y para mantener las líneas de comunicación abiertas incluso cuando están disgustados, serán los elegidos para ocupar los puestos de liderazgo vacantes en las organizaciones del maña- na. Con estas posiciones obtendrán no solo un sueldo mejor sino también la capacidad de operar los cambios que la generación Y quiere ver tan desesperadamente en el mundo que la rodea.

El arma secreta de China: CE y cultura

«Made in China» ya no significa lo que solía significar. Duran- te mucho tiempo, la mano de obra de un país de 1.300 millones de habitantes fue considerada su única ventaja competitiva en la economía global. Si bien las empresas estadounidenses han hecho la vista gorda con los trabajadores chinos, la floreciente mano de obra cualificada se está convirtiendo en la principal amenaza de las empresas americanas. ¿Qué ha ocurrido?

Olvídese de que Wal-Mart importa 2.500 millones de dólares al año de productos de China, no es nada nuevo. En la actualidad China tiene los suficientes trabajadores experimentados necesa- rios para hacerse con el control de sectores como el financiero, el de las telecomunicaciones y el informático.

¿Sorprendido? No debería estarlo. En 2004 el gigante infor- mático chino Lenovo pagó 1.250 millones de dólares por la com- pra de la división de PC de IBM. En 2005 los inversores esta- dounidenses se pelearon por participar en la mayor Oferta

Pública Inicial (IPO) del año, un banco chino con activos valorados en 521.000 millones de dólares. Esa IPO representaba la primera gran institución financiera china que ofrecía acciones en el extranjero, y a pesar de su enorme tamaño, solo es el tercer banco más grande de China. A pesar de que la balanza del poder económico no ha cambiado totalmente, no es ningún secreto que China es el acreedor más importante de Estados Unidos. Parece ser que el gigante no estaba tan dormido.

Hace unos años, los investigadores de TalentSmart decidieron analizar el papel que estaba desempeñando el CE en la colosal transición de China de proveedor barato a líder del conocimiento. Nos pasamos el verano de 2005 midiendo el CE de tres mil ejecutivos de primera línea de China. Las inesperadas conclusiones que obtuvimos ilustran cuál es el ingrediente secreto del éxito económico de China, y que supone una amenaza seria a la capacidad de Estados Unidos de competir en el mercado global: la disciplina. Los ejecutivos americanos estaban quince puntos por debajo, en promedio, de los ejecutivos chinos en habilidades de autogestión y de gestión de las relaciones.

Los ejecutivos chinos que participaron en el estudio eran talento nacional. Los tres mil ejecutivos eran empleados del sector público y privado que habían hecho el Test de Evaluación de la Inteligencia Emocional en chino. Las puntuaciones de los ejecutivos en autoconocimiento y conciencia social, aunque unos puntos por encima de la muestra de Estados Unidos, eran estadísticamente similares a las de los ejecutivos americanos. Esto significa que los ejecutivos de ambos países tienen un conocimiento similar de sus emociones y de las emociones de los demás, pero que los ejecutivos chinos utilizan ese conocimiento en beneficio suyo, lo cual resulta evidente, por otra parte.

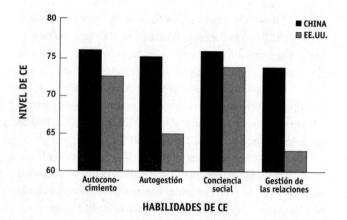

HABILIDADES DE CE

Los ejecutivos chinos tienen las cualidades que los estadounidenses permiten que el departamento de recursos humanos incluya en el modelo de competencia de la compañía. A los líderes norteamericanos les gusta ver esos comportamientos sobre el papel, pero no suelen ponerlos en práctica. Parece que toda la energía que los ejecutivos norteamericanos dicen estar dispuestos a gastar en la búsqueda de feedback, trabajar juntos en equipo, conocer a sus compañeros y cumplir sus compromisos es solo de boquilla.

Hacer de los negocios algo personal no es nuevo en China. Los ejecutivos suelen organizar comidas de trabajo con sus empleados para hablar de las tendencias económicas, las aspiraciones profesionales y la familia. Todos esperan que sus líderes les den un ejemplo excelente a la hora de tomar decisiones, conectar con los demás y mejorar. La falta de cumplimiento de esas obligaciones se considera una auténtica deshonra, ya que a la gente le importan de verdad.

Las implicaciones para el resto del mundo están claras: o se gestionan las emociones o se sufren las consecuencias. Tanto en el caso de los países que están tratando de proteger su ventaja competitiva en la economía global como en el de los países emergentes, no se debe sobrestimar la conexión entre CE y prosperidad económica. En este sentido, China parece tener una ligera ventaja por la cultura en la que han crecido los ejecutivos chinos. Si creces en una cultura en la que no solo se reprimen la manifestación de las emociones y la autocomplacencia, sino que se consideran personalmente vergonzosas, esa educación afectará tanto a la forma de gestionar tus emociones como las de los demás.

Como hemos visto anteriormente, el CE es muy sensible a la influencia cultural. La pregunta que hay que hacerse es si la cultura estimula o inhibe comportamientos emocionalmente inteligentes. Hay un viejo proverbio chino que dice: «Dale a un hombre una caña de pescar, y pescará un pez a la semana. Enséñale qué cebo tiene que utilizar, y pescará un pez al día. Enséñale cómo y dónde tiene que pescar, y podrá comer pescado toda su vida». La otra cara de este proverbio es que el hombre o la mujer sin caña, sin cebo y sin conocimiento de cómo y dónde tiene que pescar corre un riesgo de hambruna serio. De forma parecida, quienes son emocionalmente ignorantes, que no tienen mucha idea de cómo y en qué medida las emociones afectan a su vida, tendrán muchos problemas para alcanzar el éxito. Por el contrario, quienes utilicen las herramientas y las estrategias adecuadas para controlar sus emociones estarán en disposición de prosperar. Lo mismo puede aplicarse a los individuos, las organizaciones e incluso a países enteros.

Conclusiones: CE y el futuro

Si bien la suma total de estas conclusiones es alentadora, al mismo tiempo, suponen una llamada de atención importante.

Los cinco años de aumento continuado del CE —y su inesperada caída en 2008— así como la mejora en las habilidades de CE de los hombres demuestran que la inteligencia emocional es una habilidad que se puede aprender... y desaprender. Del mismo modo que también puede hacerse un gran esfuerzo para perder peso en verano y volver a recuperarlo en las vacaciones de invierno, es posible lograr una mejora sustancial en las habilidades de CE y luego constatar que vuelven a empeorar de nuevo. Por eso, precisamente, recomendamos leer este libro y revisar las estrategias de desarrollo de las habilidades al menos una vez al año.

Seguro que no pretende jugar bien al golf toda la vida o tocar bien el piano después de haber practicado seis meses y haberlo dejado, ¿verdad? Pues lo mismo ocurre con el desarrollo de las habilidades del CE. Si hace un esfuerzo para que mejoren y luego deja de practicarlas conscientemente, en un momento u otro las circunstancias acabarán superándole. Volverá a caer en los viejos y malos hábitos. Estas habilidades que cuestan tanto de conseguir se pueden perder casi tan fácilmente como se ganaron, y con ellas el sueldo más alto, las relaciones más sólidas y las mejores decisiones.

Preguntas para debatir en grupos de trabajo

Hablar sobre el CE le ayudará a dar el paso siguiente: aprender a practicar. Puede utilizar estas preguntas para iniciar un diálogo significativo y entender de qué forma las cuatro habilidades de CE se aplican en la vida diaria.

1. ¿Cuántos miembros del grupo estaban familiarizados con el término «inteligencia emocional» antes de leer *Inteligencia emocional 2.0*?

2. Para los que nunca habían oído hablar del CE, ¿qué es lo más importante que han descubierto leyendo *Inteligencia emocional 2.0*?

3. Para los que ya estaban familiarizados con el CE antes de leer el libro, ¿qué es lo más importante que han descubierto?

4. ¿Han sentido alguna vez un estallido emocional similar al que experimentó Butch Connor durante su encuentro con el tiburón?

5. ¿Qué síntomas físicos experimenta con las emociones? Un ejemplo podría ser que se pone muy rojo cuando está enfadado.

6. ¿Qué cambios fundamentales le gustaría hacer ahora que sabe que el cambio puede producirse a un nivel físico? ¿Para qué le gustaría entrenar a su cerebro?

7. ¿Qué experiencia le parece más importante de aprender a reconocer o gestionar sus emociones? ¿Qué le parece aprender a reconocer lo que sienten los demás?

8. En su trabajo, ¿cómo se hace frente a las emociones? ¿Hay algo en el libro que podría ayudarle en los seis próximos meses en su empresa? ¿Y la próxima semana?

9. ¿Cómo se ponen de manifiesto las habilidades de CE en las situaciones actuales? Se puede hacer referencia a políticos, celebridades, deportistas, etcétera.

10. ¿Recuerda alguna figura o hecho histórico que se viera influido por una gestión excelente o nefasta de las emociones?

11. Solo el 36 por ciento de la gente es capaz de identificar sus emociones correctamente. ¿Por qué supone que ello es así? ¿Cómo podría una persona mejorar en este sentido?

Los grupos que decidan hacer el Test de Evaluación de la Inteligencia Emocional online antes de la reunión pueden aportar sus resultados y comentarlos del siguiente modo:

12. Sin compartir cifras específicas, ¿en qué habilidad de CE ha obtenido mayor puntuación?

13. ¿En qué habilidad de CE ha obtenido menor puntuación? ¿Qué estrategias practicará para mejorar esta habilidad?

14. ¿Qué podría dificultar la práctica de las aptitudes de CE?

15. ¿Qué le gustaría saber de los demás miembros del grupo con respecto a cómo...?

- ¿se esfuerzan por conocerse mejor a sí mismos?
- ¿autogestionarse?

- ¿interpretar los sentimientos o las emociones de los demás?
- ¿gestionar las relaciones?

16. Considere las siguientes conclusiones y discútalas en grupo:
    - El CE tiende a aumentar con la edad.
    - La mayor brecha de CE entre la generación de los nacidos antes de los años sesenta y la generación Y (los del milenio) está en sus habilidades de autogestión.
    - Hombres y mujeres tienen la misma puntuación media de autoconocimiento, mientras que los hombres tienen una puntuación más alta en autogestión y las mujeres tienen una puntuación más alta en conciencia social y en gestión de las relaciones.
    - Los directores generales y otros ejecutivos, en promedio, tienen las puntuaciones de CE más bajas de la plantilla.

Notas

El trayecto

La historia del ataque del tiburón de Butch Connor procede de un libro de historias reales muy entretenido, editado por: Diamond, Paul, *Surfing's greatest misadventures: dropping in on the unexpected,* Casagrande Press, Seattle, 2006. Online en: www.casagrandepress.com/sgm.html. Otro relato del incidente procede de: Bulwa, Demian, «Surfer goes toe-to-toe with shark», *The San Francisco Chronicle*, 31 de mayo de 2004.

W. L. Payne acuñó la expresión «inteligencia emocional» en: «A study of emotion: Developing emotional intelligence: Self-integration; relating to fear, pain and desire», tesis doctoral, The Union Institute, Cincinnati, 1988.

Acerca de cómo la investigación sobre inteligencia emocional contribuye a popularizar el término: Mayer, Jack, *et al.*, «Perceiving affective content in ambiguous visual stimuli: A component of emotional intelligence», *Journal of Personality Assessment,* n.º 54, Universidad de Yale, 1990. Otro estudio que relaciona la inteligencia emocional con el éxito: Mayer, Jack, y Salovey, Peter, «The intelligence of emotional intelligence», *Intelligence,* n.º 17, 1993. Y un tercer estudio sobre el mismo tema: Mayer, J., y Stevens, A., «An emerging understanding of the reflective (meta) experience of mood», *Journal of Research in Personality,* n.º 28, 1994.

Gibbs, Nancy, «The EQ factor», *Time Magazine*, 2 de octubre de 1995.

Bradberry, Travis y Greaves, Jean, *The emotional intelligence quick book,* Simon & Schuster, Nueva York, 2005.

Visión general

La tabla de sentimientos ha sido reproducida y modificada con autorización de Julia West. Para los escritores de ciencia ficción, la tabla original de la página web se puede encontrar en http://www.sff.net/people/julia. west/CALLIHOO/dtbb/feelings.htm.

Estallido emocional *(emotional hijacking)* es un término introducido por primera vez en el libro: Goleman, Daniel, *Emotional intelligence: Why it can matter more than IQ,* Bantam, Nueva York, 2005.

La tendencia de los individuos con un CE bajo a intentar alcanzar las puntuaciones más altas de sus colegas después de una iniciativa de desarrollo de una habilidad de CE procede de: Ashkanasy, Neil M., «The case for emotional intelligence in workgroups», simposio de presentación en la conferencia anual de la Society for Industrial and Organizational Psychology, abril de 2001.

La inteligencia emocional que incluye otras 33 aptitudes de liderazgo se puede encontrar en: Bradberry, Travis, *Self-awareness: The hidden driver of success and satisfaction,* Putnam, Nueva York, 2009.

La conexión entre CE y rendimiento laboral y la tendencia de los más eficaces a tener un CE alto es de: Bradbery, Travis y Greaves, Jean, *The emotional intelligence quick book,* Simon & Schuster, Nueva York, 2005.

La conexión entre el CE y el salario anual es de: Tasler, N. y Bradberry, T., «EQ = $», *TalentSmart Update,* 2009. Online en: www.talentsmart. com/learn/online_whitepaper2.php?title=EQMONEY&page=1.

Las señales que distinguen la inteligencia emocional: las cuatro habilidades fundamentales

El modelo de inteligencia emocional que agrupa las cuatro habilidades (autoconocimiento, autogestión, conciencia social y gestión de las relaciones) en categorías más amplias de competencia personal y social, procede de: Goleman, Goyatzis y McKee, *Primal leadership: Realizing the power of emotional intelligence,* Harvard Business School Press, Boston, 2002.

La relación entre las habilidades de autoconocimiento y el rendimiento laboral se puede ver en: Bradberry, Travis, *Self-awareness: The hidden driver of success and satisfaction,* Putnam, Nueva York, 2009.

Más del 70 por ciento de la población estudiada tiene dificultades para gestionar el estrés procede de: Bradberry, Travis y Greaves, Jean, *The emotional intelligence quick book,* Simon & Schuster, Nueva York, 2005.

La importancia de dejar las propias necesidades a un lado para obtener resultados se puede ver en: Ayduk, O. y Mischel, W., «When smart people behave stupidly: Reconciling inconsistencies in social-emotional intelligence», en *Why smart people can be so stupid,* Sternberg, Robert J., ed., Yale University Press, New Haven, 2002.

Profundizando: mi plan de inteligencia emocional

Estudios de la plasticidad del cerebro: Pons, T. P., *et al.*, «Massive cortical reorganization after sensory differentiation in adult macaques», *Science,* n.º 252. Jain, N., «Deactivation and reactivation of somatosensory cortex is accompanied by reductions in GABA straining», *Somatosens Mot. Res,* n.º 8, 1997, pp. 347-354. Borsook, D., *et al.*, «Acute plasticity in the human somatosensory cortex following amputation», *NeuroReport,* n.º 9, 1997, pp. 1013-1017. Cornelleson, Katri, «Adult brain plasticity influenced by anomia treatment», *Journal of cognitive neuroscience,* n.º 3, 1997, p. 15.

Estudios de la Harvard Medical School que examinan cambios en la estructura del cerebro: Van der Kilk, B. A., «The body keeps the score: Memory and the emerging psychobiology of post traumatic stress», *Harvard Review of Psychiatry,* n.º 1, 1994, pp. 253-265, y Van der Kolk, B. A., *et al.*, «Dissociation, somatization and affect dysregulation: The complexity of adaptation of trauma», *American Journal of Psychiatry,* n.º 153, 1996, pp. 83-93.

El estudio comparativo que demuestra cambios en el CE seis años después de una iniciativa de desarrollo de una habilidad del CE se puede consultar en: Boyatzis, Richard, *et al.*, *Innovation in profesional education: Steps on a journey from teaching to learning,* Jossey-Bass, San Francisco, 1995.

Estrategias de autogestión

Estrategia de autogestión número 3, «Haga publicos sus objetivos», considera la investigación de Hesselbein, Francis, *et al.*, *The leader of the future,* Jossey-Bass, San Francisco, 1997.

Estrategia de autogestión número 7, «Sonría y ría más», se centra en el beneficio de sonreír de acuerdo con la investigación de: Soussingnan, R., «Duchenne smile, emotional experience and autonomic reactivity: A test of the facial feedback hypothesis», *Journal of personality and social psychology,* n.º 2, 2002, pp. 52-74.

Estrategia de autogestión número 9, «Controle su diálogo interior», se refiere al número de pensamientos medios que una persona tiene en un día de acuerdo con el estudio de: The National Science Foundation (www.nsf.gov).

La importancia del diálogo interior en la gestión de las emociones se puede ver en: Fletcher, J. E., «Physiological foundations of intrapersonal comunication», en Roberts & Watson, eds., *Intrapersonal communication processes,* Spectra, Nueva Orleans, 1989, pp. 188-202. Graiger, R. R., «The use —and abuse— of negative thinking», *American journal of nursing,* n.º 91 (8), 1991, pp. 13-14. Korba, R., «The cognitive psychophysiology of inner speech», en Roberts & Watson, eds., *Intrapersonal communication processes,* Spectra, Nueva Orleans, 1989, pp. 217-242. Levine, B. H., *Your body believes every word you say: The language of the body/mind connection,* Aslan, Boulder Creek, 1991.

Estrategia de autogestión número 10, «Visualícese haciendo las cosas bien», plasma el poder de la visualización de acuerdo con las conclusiones del estudio de: Kosslyn, S. M.; Ganis, G. y Thompson, W. L., «Mental imagery and the human brain», en *Progress in psychological science around the world,* vol. 1, *Neural, cognitive and developmental issues,* Jing, Q.; Rosenweig, M. R.; d'Ydewalle, G.; Zhang, H.; Chen, H.-C. y Zhang, K., eds., Psychology Press, Nueva York, 2007, pp. 195-209.

Estrategias de conciencia social

Estrategia número 2, «Observe el lenguaje corporal de los demás», trata de la investigación sobre la interpretación de las emociones, las expresiones faciales y el lenguaje corporal, en: Ekman, Paul, *Emotions revealed: Recognizing faces and feelings to improve communication and emotional life,* Henry Holt & Company, Nueva York, 2007.

Estrategias de gestión de las relaciones

Estrategia de gestión de las relaciones número 4, «Acuérdese de las pequeñas cosas que son muy importantes», trata de la investigación sobre el declive de la educación en Estados Unidos y de lo que opinan los empleados de la educación en su lugar de trabajo de acuerdo con las conclusiones del estudio de: Public Agenda Research Group, publicado en ABCNEWS.com (3 de abril de 2002) y ABCNEWS/World Tonight Poll (mayo de 1999).

Para la investigación sobre las conversaciones reparadoras, Gottman, John y Levenson, Robert W., «A two-factor model for predicting when a couple will divorce: Exploratory analyses using 14-year longitudinal data», *Family Process*, n.º 41, 2002, pp. 83-96.

Epílogo

Los datos del CE y los puestos de gestión son de: Bradberry, Travis y Greaves, Jean, *The emotional intelligence quick book,* Simon & Schuster, Nueva York, 2005. Y de Bradberry, Travis y Greaves, Jean, «Heartless bosses», *The Harvard Business Review*, diciembre de 2005.